Paola Jacobbi

Warum Frauen ohne Männer leben können,
aber nicht ohne Handtasche

PAOLA JACOBBI

Warum Frauen ohne Männer leben können, aber nicht ohne Handtasche

AUS DEM ITALIENISCHEN VON SIGRID IRIMIA

NACHWORT VON JETTE JOOP

HERDER

FREIBURG · BASEL · WIEN

Titel der Originalausgabe:
Pazze per le borse! Perché alle donne non bastano le tasche

Für die deutschsprachige Ausgabe:

www.herder.de

Satz: Weiß-Freiburg GmbH –
Graphik & Buchgestaltung, Freiburg
Herstellung: fgb · freiburger graphische betriebe
www.fgb.de

Gedruckt auf umweltfreundlichem, chlorfrei gebleichtem Papier
Printed in Germany

ISBN 978-3-451-29876-9

Allen Frauen gewidmet,
die in ihrer Handtasche nie etwas finden,
aber dennoch die Suche nie aufgeben –
in der Handtasche wie im Leben

Die Handtasche einer Frau
ist ihre geheime Kraftquelle.
Sie enthält eine Menge dunkle
und geheimnisvolle Dinge,
von denen wir arme Jungs
nichts wissen dürfen.

Aus dem Film:
»Wie werde ich ihn los – in 10 Tagen?«

Inhalt

Einleitung

Wenn es nicht so unelegant, flegelhaft, ja unmoralisch wäre, würde ich mein Leben damit verbringen, in den Handtaschen anderer Frauen herumzuschnüffeln. Ich bin Journalistin, also eine Topfguckerin par excellence. Dennoch: Zu einem solchen Schritt hat mich meine Neugier bisher noch nicht getrieben. Das geht nicht, so etwas macht man nicht. Eigentlich dürfte man nicht einmal daran denken. Doch sobald ich die Handtasche einer anderen Frau sehe, ob groß oder klein, modisch oder ohne erkennbare Charakteristika, juckt es mir in den Fingern: Ich würde gerne wissen, was sich darin befindet, und sei es nur mit Hilfe einer Röntgenbrille, wie sie im Anzeigenteil der Zeitschriften meiner Jugend angepriesen wurden. Die Männer, so wurde damals unterstellt, wollten die Brille, um durch die Kleider der Frauen hindurchzusehen. Ich würde sie heute dazu benutzen, herauszufinden, was sich im Rucksack meiner jungen Sitznachbarin im Bus befindet oder im luxuriösen Rechteck aus Krokodilsleder so mancher toupierten Dame, der man heute noch im Teesalon eines Provinzstädtchens begegnen kann. In den Reality-Shows im Fernsehen kann man Menschen zuschauen, die sich darin übertreffen, noch die intimsten und verruchtesten Details aus ihrem Leben preiszugeben. Trotzdem ist es immer noch eine Sensation, wenn eine Showmasterin uns begrüßt mit den Worten: »Guten Abend, liebe Zuschauer, heute werde ich Ihnen den Inhalt meiner Handtasche vorführen.«

Einer anderen Frau in die Handtasche schauen. Das geht nicht.

Unter uns gesagt: Ich würde es mich etwas kosten lassen, mich in die Handtaschen der Stars und Sternchen hineinzuschmuggeln. Und vielleicht würde ich sogar meine sterblichen Überreste der Wissenschaft vermachen, könnte ich nur den Inhalt einer der vielen Birkins (die kostbarste Hermès-Handtasche) erforschen, die Kate Moss gehören, diesem verflixt schönen Model und – was keine Nebensache ist – Ex-Verlobten von Johnny Depp.

Stellen Sie sich nur einmal vor, Sie könnten in einer der vielen Handtaschen aus der Sammlung von Madonna herumstöbern – in puncto Taschen ist der für seine vielen Wiedergeburten berühmte Popstar langlebiger Zuneigung fähig. Es gab eine Zeit, als sie wiederholte Male mit demselben rundlichen Modell von Louis Vuitton fotografiert wurde. Doch was hatte sie nur darin? Um das zu erfahren, wäre ich bereit, jedermann den Inhalt meiner eigenen Handtasche zu zeigen, ohne mit der Wimper zu zucken. Ehrenwort. (Es würde mir nämlich viel mehr ausmachen, aller Welt erklären zu müssen, wieviel ich wiege oder wie oft ich mich täglich flüchtig im Spiegel betrachte, statt mich um die sogenannten »wichtigen Dinge des Lebens« zu kümmern.)

Tatsache ist: Die Handtasche gehört zu den wichtigen Dingen des Lebens.

Tatsache ist, dass die Frauenhandtasche nun einmal Teil der wichtigen Dinge des Lebens ist, weshalb sie auch deren perfektes Sinnbild darstellt. Es gibt Leben (und Handtaschen), die aussehen wie Arcimboldo-Malereien: Sie quellen über vor Gegenständen und Farben und drücken eine typisch weibliche Angst vor der Leere aus. Und es gibt Leben (und Handtaschen), die auf das Wesentliche reduziert sind und die Leere feiern wie eine von Lucio Fontana zerschnittene Leinwand. Der Großteil der Frauen jedoch redet und handelt nach dem Motto: »Meine Handtasche – mein Haus!« Demnach bildet die Handtasche einen Übergang zwischen der (häuslichen) Vergangenheit der Frau und ihrer in den letzten eineinhalb Jahrhunderten stetig veränderten Wirklichkeit: Alle Frauen leben inzwischen draußen in der Welt wie die Männer, in ihren Händen jedoch, ganz untrennbar mit ihnen verbunden, tragen sie ein winzig kleines Stückchen ihrer alten sozialen Identität.

Wie Männer die Welt verstehen könnten: Indem sie Frauen nach dem Inhalt ihrer Handtasche fragen.

Wenn man ein wenig mit den Symbolen aus der Freudschen Psychoanalyse spielen möchte, könnte man die Handtasche als eine Art frei herumlaufender Gebärmutter interpretieren – ein geheimnisvoller, gefürchteter und gleichzeitig geliebter Ort. Wie wir alle wissen, können Männer nichts mit Handtaschen anfangen, sie verstehen ihre Bedeutung nicht. Und wenn wir Frauen in unserer Tasche nach diesem oder jenem suchen, schauen sie uns zu, als kämen wir von einem anderen Stern. Ein Freund sagte einmal zu mir: »Ich war ein paar Mal verlobt, und alle Frauen waren unterschiedlich: blond, dunkel, überdreht oder gut organisiert. Nur drei Dinge waren allen gemeinsam: Sie mussten ständig Pipi machen, im Urlaub bekamen sie Verstopfung und in ihrer Handtasche konnten sie niemals finden, wonach sie suchten.« Ein französisches Chanson aus jüngerer Zeit trägt den Titel *Le sac des filles* (»Die Handtasche der jungen Frauen«): Wollten die Männer die Welt verstehen, singt Camille Dalmais, so würde es reichen, dass sie fragen, was die Frauen in ihren Handtaschen tragen.

Es ist eher unwahrscheinlich, dass ein einzelnes Buch über Handtaschen es schafft, die Welt zu erklären. Dennoch soll hier der Versuch unternommen werden, ihrem Geheimnis auf den Grund zu gehen. Wie alle Rätsel beruht auch dieses auf einer vertrauensvollen und uneigennützigen Liebestat. Und wir lieben unsere Handtaschen bis zum Wahnsinn. Auch dann, wenn wir sie quälen, indem wir sie bis zum Bersten vollstopfen und dann schier durchdrehen, weil wir nichts mehr darin finden können.

In ihrem Buch *Handbags – The Power of the Purse* erwähnt Anna Johnson, wie Tolstois verzweifelte Anna Karenina ihr rotes Samttäschchen auf die Schienen schleudert, bevor sie sich selbst vor den Zug wirft. Daraus können wir die richtige Schlussfolgerung ziehen: Wenn eine Frau ihre Handtasche satt hat, ist sie auch ihres Lebens müde. Oder anders ausgedrückt: Es sind nicht die falschen Ehemänner oder die unbotmäßigen Liebhaber, die im Leben zählen. Unsere Handtasche tragen wir Stunde um Stunde, in jeder Situation und Lage unseres Daseins bei uns. Noch kaum erwachsen, beherrschen wir schon eine ganze Reihe automatischer Bewegungen, um sie unter Kontrolle zu halten. Haben die Stühle im Restaurant eine runde Rückenlehne, sind wir bemüht, das Accessoire in eine geschützte Ecke zu stellen. Auf einer Party stellen wir uns strategisch geschickt so hin, dass die Handtasche griffbereit ist, uns

Es sind nicht die falschen Ehemänner oder die unbotmäßigen Liebhaber, die im Leben zählen. Es sind die Handtaschen.

allerdings auch nicht im Wege steht, falls uns jemand zum Tanzen auffordern sollte.

Übrigens ist mir aufgefallen, dass in den Diskotheken der angelsächsischen Welt die Frauen dazu neigen, ihre Handtaschen auf einen Haufen in der Mitte der Tanzfläche zu stellen und um diesen herum zu tanzen. Auch die irische Autorin Marian Keyes schreibt davon in ihrem Roman *Auszeit für Engel*: »Was hältst du von einem Frauenabend? Wir besaufen uns und tanzen *I will survive* im Kreis um unsere Handtaschen!« Dieser Brauch demonstriert den Sinn der anglophonen Frauen fürs Praktische. Doch wo bleibt dabei die Ästhetik? Zimperlich und fanatisch, wie wir sind, verzichtet so manche Italienerin lieber ganz aufs Tanzen, bevor sie eine Fendi-Handtasche auf den Boden stellt. Oder aber sie wackelt unauffällig ein bisschen hin und her, die Mini-Handtasche über die Schulter gehängt und an der Seite baumelnd, als wäre sie ein kostbares Schmuckstück für die Achsel.

Die Phantasie der Männer reicht bei weitem nicht aus, um die Realität der Frauen zu begreifen.
Anna Magnani

Ja, der Schulterriemen – was für eine großartige Erfindung! Er hat unser Leben verändert, ähnlich wie die Strumpfhose, die zwar weniger sexy als die Strümpfe ist, aber umso praktischer. Es war Coco Chanel, die legendäre Mademoiselle der Mode – sie hatte die Damenkleidung bereits mit der Erfindung des Kostüms revolutioniert –, die die erste Handtasche entwarf, die es der Frau erlaubte, sich mit zwei freien Händen fortzubewegen: ein entscheidender Schritt auf dem Weg zur Unabhängigkeit. »Weil ich es satt hatte, meine Handtaschen in der Hand zu tragen und sie dauernd zu verlieren, stattete ich sie mit einem Riemen aus und hängte sie über die Schulter«, erzählte sie. Das war im Februar 1955 (das rechteckige Taschenmodell mit Kette aus dem Hause Chanel heißt aus diesem Grunde heute noch »2.55«), und von Handtaschen sprach man damals immer noch in der Verkleinerungsform. Es waren eben einfach »Täschchen« für die kleinen Frauen, die besser zu Hause geblieben wären. Im Laufe der Zeit sah es dann anders aus: Je mehr Raum die Frauen in der Welt einnahmen, desto größer wurden auch ihre Handtaschen. Heute leben wir viele Leben und Identitäten. Und unsere Handtaschen haben sich dem angepasst.

Jede Handtasche entspricht einer Epoche im Leben einer Frau.

Und nicht nur das. Jede Handtasche entspricht einer Epoche im Leben einer Frau. Die erste Handtasche ist die Schultasche für die Grundschule, heutzutage meist ein kleiner Rucksack, verziert mit dem gerade angesagten Idol (Barbie, Bratz oder irgendeine aktuelle Disneyschöpfung), später kommt die Kuriertasche zum Umhängen (die sogenannte Messenger Bag) und schließlich die ersten Designer-Handtaschen, um am sicherlich schwer eroberten Arbeitsplatz eine gute Figur zu machen.

Die Frauen meiner Generation, die ihre Arbeitsstelle um die achtziger Jahre herum angetreten haben, stürzten sich auf die Mandarina Duck (oder auf deren Imitationen, die sich Mandarancia Drack und Paperina Pick nannten), auch wenn einige schlauere und reichere Gleichaltrige bereits die Mega-Shopping-Tasche von Prada besaßen. Während diese Tasche in Rom noch unbekannt war, stellte sie in Mailand bereits das Lieblingsaccessoire der Moderedakteurinnen dar. Die Römerinnen entdeckten sie kurze Zeit später, nachdem Prada als schrilles Detail Goldketten hinzugefügt hatte. Diese Ketten waren ganz fürchterlich: Sie färbten auf Jacken und Mäntel ab, ganz zu schweigen von weißen Pullis und Seidenblusen, und sie zogen Fäden aus der Strickjacke, dass es nur so eine Freude war. Doch wen kümmerte es? Der schwierige Übergang von den achtzigern in die neunziger Jahre wurde abgefedert durch die Musik von Prince und jene kettenklimpernden Handtaschen, die die Lieblingsmodelle unserer Mütter (die oben erwähnte Chanel 2.55) herbeizitierten und doch auch ganz anders waren, nämlich modern.

Auch Karrierefrauen finden Zeit, geduldig nach der richtigen Tasche zu suchen.

Meine stetige Beobachtung der Handtaschen anderer Frauen (allen Lesern mit kriminalistischem Instinkt schwöre ich: Ich habe nur geschaut und nichts angefasst) hat ergeben, dass die sogenannten Karrierefrauen, die für so gut wie nichts Zeit haben, diese fehlende Zeit auf magische Weise finden, um mit geduldigem Starrsinn nach der »richtigen Handtasche« zu suchen. Eigenartig, dass sie bei der Wahl ihres Ehemanns oft nicht dieselbe Sorgfalt an den Tag legen. Die Welt ist voller Frauen, die die richtige Handtasche, aber den falschen Ehemann haben.

Im Übrigen kann die richtige Handtasche bewirken, dass wir uns selbst in Begleitung eines superbeschäftigten Ehemanns wohl fühlen. Nehmen Sie beispielsweise Bernadette Chirac, die Frau des ehemaligen französischen Präsidenten, anlässlich der Beisetzung des Fürsten Rainier von Monaco: Der präsidiale Gatte hatte alle Hände voll zu tun, lächelte nach links, kondolierte nach rechts und schüttelte unentwegt Hände. Die eher zierliche Bernadette, sichtlich nicht imstande, mit dem Gemahl Schritt zu halten, war gezwungen, sich mit der rechten Hand gegen den Wind zu schützen, der immer wieder ihren schwarzen Trauerschleier aufzuwirbeln drohte. Die Finger ihrer linken Hand hingegen waren wie festgeschweißt an einer Chanel, die so winzig war, dass sie nicht viel mehr als ein Taschentuch beinhalten konnte. Madame Bernadette hielt sich mit aller Kraft an ihr fest, als wolle sie ihr Hilfe, Trost und Gesellschaft abringen.

Hinter jeder Handtasche verbirgt sich eine Geschichte.

Auch hinter jeder ganz normalen, nicht präsidialen Handtasche, verbirgt sich eine Geschichte. Sie steckt in der besonderen Art, auf die jede Frau ihre Tasche spazieren führt. Eine Freundin, die mir gelegentlich vorwirft, dass ich übertreibe, wenn ich überall Intrigen und Coups vermute, machte mich darauf aufmerksam, dass man auf der Straße eine Menge langweiliger Handtaschen zu sehen bekommt. Bedeutet das aber, dass auch ihre Besitzerinnen langweilig sind? Das ist nicht gesagt. Gerade weil sie etwas von uns enthält, das nicht unmittelbar sichtbar ist, kann eine Handtasche voller Überraschungen stecken. Folgen Sie mir einfach!

Mary Poppins – der Inbegriff der Handtaschen-Besitzerin

Ja, ich möchte Ihnen tatsächlich von »jener« Mary Poppins erzählen, jener fabelhaften Gouvernante, die die Schriftstellerin Pamela L. Travers vor etwa siebzig Jahren erfunden und die mit dem 1963 gedrehten Film mit Julie Andrews Unsterblichkeit erlangt hat.

Jede Frau hat einen Vorsprung im Leben, weil sie da anpackt, wo ein Mann erst einmal redet.
Margaret Thatcher

Mary Poppins verhält sich zur Frauenwelt genauso wie gewisse Comic-Superhelden zu derjenigen der Männer. Offiziell ist sie Babysitterin. Inoffiziell allerdings kann sie über den Dächern von London fliegen, und wenn sie mit den Fingern schnipst oder ein Liedchen singt, kommt alles in Ordnung. Mary ist eine typische Figur der viktorianischen Zeit, als die Erzieherinnen noch unter jungen Waisenmädchen rekrutiert wurden oder unter den Töchtern irgendeiner plötzlich verarmten Familie, die schwer zu verheiraten waren. Also erlernten sie in eigens dafür vorgesehenen Instituten den Beruf der Gouvernante und wurden anschließend von Reichen und Emporkömmlingen angeworben, die das Bedürfnis hatten, ihren Kindern eine bessere Erziehung angedeihen zu lassen als die, die sie selbst genossen hatten. Mrs. Banks, der Arbeitgeberin des fliegenden Kindermädchens, missfällt es denn auch, »dass Mary Poppins viel mehr als sie selbst über die Gewohnheiten der vornehmen Leute wusste«.

Mary ist eitel, sie besteht darauf, sich immer von ihrer besten Seite zu zeigen. Mehr noch: »Sie war sicher, sich *immer* in ihrem besten Kleid zu zeigen« – eine innere Haltung, die Grundlage jeder Selbstachtung ist. Im Übrigen ist Mary Single, leidet jedoch deswegen nicht unter Unsicherheit wie irgendeine beliebige Bridget Jones. Im Gegenteil: Inmitten einer Gesellschaft, die ledige Frauen als niedrigstes Glied der sozio-familiären Kette verachtet, ist Mary stolz auf ihre Freiheit. Sie kommt und geht immer allein. Zwar hat sie einen Verehrer, Bert, sie behandelt ihn jedoch wie einen Kameraden und manchmal sogar ziemlich schlecht.

In ihrem Verhältnis zu Mrs. Banks ist sie auf quasi erpresserische Weise entschieden: Sie verhält sich, als wäre sie der Chef und nicht umgekehrt. Sie weiß, dass die Banks sie brauchen, und selbst darin ist sie ihrer Zeit voraus. In halb Europa macht heute eine Fernsehsendung Furore, die »Super-Nanny« heißt. Darin bringen Pädagoginnen Frauen, die unfähig sind, häusliche Aufgaben zu bewältigen, bei, das Haus und das Leben ihrer Familie zu organisieren – der Beweis dafür, dass die strukturlosen modernen Familien davon träumen, zu Hause eine Mary Poppins zu haben.

Mary Poppins' Tasche: Der Survival Kit der unabhängigen Frau.

Wie jeder Superheld, der etwas auf sich hält, etwa James Bond oder Batman, hat auch Mary Poppins ihr Spezialwerkzeug: Um zu fliegen, benutzt sie einen Regenschirm mit Griff in Papageienform. Und sie besitzt eine Tasche aus einem aufgerollten Teppich in Kofferform mit einem Vorhängeschloss daran. Auf den ersten Blick wirkt die Tasche leer. Doch wie von Zauberhand quellen unter den staunenden Augen ihrer Schützlinge Jane und Michael die Gegenstände hervor, die sich darin befinden: eine weiße gestärkte Schürze – die Berufskleidung –, ein großes Stück Seife und eine Zahnbürste – Essentials der Körperpflege –, ein Päckchen Haarnadeln und ein Parfumfläschchen – Schönsein ist wichtig –, ein Klappsitz – Ausruhen ist ein festgeschriebenes Recht – und eine Dose mit Halspastillen – es ist absolut notwendig, sich einer guten Gesundheit zu erfreuen. In der Tat, Mary Poppins' Tasche ist der Survival Kit für die unabhängige Frau.

Männerhandtaschen – scheußlich!

Es gibt in der Welt der Kinderliteratur und der Comics eine weitere Figur, die stets mit einer Handtasche auftritt. Das ist Gamma, das lustige außerirdische Kerlchen aus der Disneywelt. Aber Achtung! Gamma ist weder Mann noch Frau, sondern ein geschlechtsneutrales Wesen. Männer tragen für gewöhnlich keine Handtaschen. Doch wo zum Kuckuck stecken sie dann ihre Sachen hin? Nun, entweder steht ein Gamma oder eine Ehefrau zu ihrer Verfügung. Zumindest war das bis vor kurzem so. Zufällig wurde in den siebziger Jahren, also zur Zeit des Geschlechterkampfes, die Handtasche für den Mann geboren. Ein scheußlicher Gegenstand, der nur kurze Zeit überleben konnte. In der postfeministischen Ära rüsten sich junge Männer mit Unisex-Taschen aus, wie zum Beispiel Rucksäcken und Messenger Bags. Besonders populär unter den Anhängern des Street-Style ist derzeit die Freitag, eine Tasche, die aus Resten von LKW-Planen hergestellt wird und von zwei Schweizer Brüdern entwickelt wurde. Die Manager dagegen verwenden weiterhin ihren 24-Stunden-Koffer, der die Fähigkeit der Männer offenbart, ihre Lebensbereiche strikt voneinander zu trennen: auf der einen Seite steht, zweckmäßig in Köfferchen abgefüllt, der Beruf, auf der anderen Seite das Privatleben, zerstreut in Jacken- und Manteltaschen.

Das Fehlen des männlichen Sachverstandes in puncto Handtaschen ist bemerkenswert.

Das Fehlen des männlichen Sachverstandes in punkto Handtaschen ist bemerkenswert. Wenn sie beschließen, uns eine Tasche zu schenken, landen sie nie einen Treffer, es sei denn, sie wurden zuvor über Größe, Form und Marke instruiert. Dabei sind sie durchaus in der Lage, aus dem Stegreif eine Garnitur Spitzendessous zu erstehen. Aber versuchen Sie mal, einen Mann dazu zu bringen, eine Beuteltasche von einer Bauletto-Tasche zu unterscheiden! (Das italienische Wort »Bauletto« bedeutet in etwa »Köfferchen« .) Sein Gesicht wird diesen typischen Ausdruck annehmen, der Zeichen völliger Ignoranz ist. Nicht zufällig hat ein scheinbar emanzipierter Radiomoderator vor laufendem Mikrofon erklärt: »Mädels, gebt es auf, euer Geld für Handtaschen auszugeben. Wir Männer bemerken sie nicht einmal.«

Da Gott nicht alles alleine machen wollte, schuf er Mütter.
Anonym

Übel, ganz übel! Denn dem wechselseitigen Verständnis zwischen den Geschlechtern täte es gut, wenn sich die Männer über unsere Handtaschen und deren Inhalt eine gewisse Bildung aneignen würden. Dann würden sie entdecken, worin die moderne und realistische Ausführung der Handtasche von Mary Poppins besteht. Sie bietet oft gleichermaßen Platz für den Schnuller eines Kindes, den Terminkalender einer Geschäftsführerin und den Lippenstift einer Femme fatale sowie für ein geniales Rezept für hausgemachte Marmelade (dessen Umsetzung in die Praxis die Besitzerin besagter Handtasche tunlichst vermeiden wird, doch man kann nie wissen). Denn für die Frauen ist die Handtasche ein Hort des »Man kann nie wissen« und des »Kann man vielleicht mal brauchen«. Sie ist ein weites Feld, gefüllt mit guten Vorsätzen, Hoffnungen und Projekten. Öffnen Sie ruhig eine Handtasche auf gut Glück. Sie werden darin Rabattmarken für große Kaufhäuser finden, in die wir niemals auch nur einen Fuß gesetzt haben, und Ausweise für Bibliotheksbusse aus Stadtvierteln, die sich am anderen Ende unseres Wohnortes befinden. Die Handtasche enthält jenen Traum von Vollkommenheit und Vollständigkeit, der den wunden Punkt und die starke Seite aller Frauen unserer Zeit darstellt.

Wenn Frauen unergründlich erscheinen, dann liegt das am fehlenden Tiefgang der Männer.
Katharine Hepburn

Zwischen Handtasche und Ehemann

In diesem Kapitel gehen wir der außerordentlichen Fähigkeit der Frauen nach, sich in jeder Beziehung, inklusive derjenigen zur eigenen Handtasche, das Leben zu verkomplizieren. Das betrifft selbstverständlich auch den Inhalt derselben.

Ich gebe zu, dass auch Frauen komisch sind. Gott der Allmächtige hat sie so gemacht, damit sie zu den Männern passen.
Simone de Beauvoir

Das Phänomen ist nicht neu. In einem Artikel der New York Times vom 21. Januar 1945 schreibt Anita Daniel: »Ohne ihre Handtasche fühlt sich die Frau so verloren, als würde sie in einer Wüste herumirren. Die Handtasche einer jeden Frau ist der Schnittpunkt zwischen den verlorenen und den wiedergefundenen Dingen zur gleichen Zeit. Ich war sehr beeindruckt von der Tasche Mrs. Roosevelts, als ich dieser zum ersten Mal begegnete. Was war das für eine Tasche! Aus dunklem Leder geschnitten und groß über alle Maßen, platzte sie förmlich unter dem Druck ihres unsichtbaren Inhalts. Sie war die Definition der vielfältigen Aktivitäten der First Lady. Ein einziger Blick auf diese Handtasche reichte, um zu verstehen, dass die Arbeit einer Präsidentenfrau ein Full-Time-Job ist!«

In der Folge listet Anita die typischen Gegenstände auf, die sich in der Durchschnittshandtasche einer Durchschnittsfrau von 1945 fanden: »Zwei Lippenstifte, eine Puderdose, ein frisches und zwei gebrauchte Taschentücher, ein Bündel Briefe, ein Zigarettenetui, ein Zeitschriftenausschnitt, ein ledernes Fotoetui, ein Paar kaputte Strümpfe, die zur Kunststopferin müssen.«

Heute tragen wir in unseren Handtaschen Mobiltelefone und Palmtops, Ladegeräte und magnetische Dokumente. Taschentücher haben wir immer noch, allerdings aus Papier. Zigaretten? Mal ja, mal nein. Dafür gibt es Frauen, die ihre Bachblüten oder ihre Psychopharmaka spazieren führen. Sicherlich lässt keine mehr ihre Nylonstrümpfe stopfen. Aber viele tragen ihren iPod mit sich, das Lesegerät für Musikdaten, das ihnen in Zeitlücken Gesellschaft leistet.

Warum die Bachblüten? Warum der iPod? Warum der Antistressball? Und vor allem: Welche menschliche Tragödie verbirgt sich hinter manchem zahnlosen Kamm?

Schuhe sind wie Liebhaber, Handtaschen wie Ehemänner.

Oscar Wilde schreibt in einem treffenden Oxymoron, Frauen seien »Sphinxe ohne Geheimnis«. Und tatsächlich: Hätte jemand die Geduld (und den Mut), die Handtaschen der Frauen zu untersuchen, würde er weitere dunkle Seiten aufspüren, die einer oberflächlicheren Betrachtung verborgen bleiben. Eine meiner Freundinnen behauptet: Während Schuhe wie Liebhaber seien (viele unterschiedliche, aus dem Impuls heraus ausgesucht – manchmal schämt man sich dafür, sie gehabt zu haben), ähnelten Handtaschen mehr den Ehemännern: Man überlegt es sich genau, bevor man einen heiratet. Meistens jedenfalls. Die Beziehung zur Handtasche ist von Dauer, zumindest der Absicht nach. Und aus ebendiesem Grunde kann eine Handtasche manchmal nützlicher sein als ein Ehemann.

- Eine Handtasche vergisst weder Geburts- noch Jahrestage. Wenn Sie genau hinschauen, werden Sie zwischen Notizbüchern und Zetteln immer die Informationen finden, die Sie suchen. Bei einem Mann wäre die Suche danach vergeudete Zeit.
- Sind Sie zu einem Abendessen oder auf ein Fest eingeladen, wird Ihre Handtasche Sie niemals stehenlassen, um mit unangenehmen Unbekannten Kontakte zu knüpfen. Die Handtasche bleibt immer bei Ihnen – und vielleicht liegt sogar ein Buch darin, falls Sie absolut keine Lust auf Konversation mehr haben sollten.
- Eine neue Handtasche ist sofort bereit, sich mit allen Aspekten Ihres Lebens – auch mit den weniger erhebenden – vertraut zu machen. Von einem neuen Lebensgefährten lässt sich nicht dasselbe behaupten. Erinnern Sie sich nur daran, wie lange er gebraucht hat, um Ihre Manie zu verstehen, mindestens fünf Haargummis mit diesen rosaroten Kunststoffkugeln daran bei sich zu haben.
- In den Handtaschen klingeln die Mobiltelefone und lassen sich erst beim zweiten Anruf finden. Männern geben wir so schnell keine zweite Chance.
- Würde man Sie darauf aufmerksam machen, dass Ihnen jemand die Handtasche klauen möchte – ich wette mit Ihnen, Sie würden sofort für Abhilfe sorgen. Ginge es dabei um Ihren Ehemann oder Verlobten, würden Sie, bevor Sie verzweifeln, auch an die eventuellen Vorteile eines solchen Verlustes denken.

Welche Tasche für welche Frau?
Eine kleine Anthropologie der Handtasche

»Räuber sagen: Handtasche oder Leben! Die Frauen dagegen wollen beides«, schreibt Samuel Butler. Jede Frau hat ihren eigenen Handtaschen- und Lebensstil. Wirft man einen Blick in erstere, versteht man eine Menge vom zweiten.

Die allesfressende Generalistin trägt stets dieselbe Handtasche, meist ein etwas größeres Modell in einer neutralen Farbe (schwarz oder braun, »weil es zu allem passt«) und einem leichten, strapazierfähigen und universellen Material, wie etwa die Nylontaschen von Prada oder von Hervé Chapelier. Ledertaschen hält sie für unsinnig, Mitte der achtziger Jahre hat sie damit aufgehört, welche zu kaufen.

> *Ein Mann kann höchstens vollständig sein, eine Frau aber vollkommen.*
> *Eleonora Duse*

Und was trägt sie von morgens bis abends in ihrer Handtasche mit sich? Praktisch alles, vom Handy über den Terminkalender bis hin zu einem zweiten Terminkalender. Im Schminknecessaire liegt ein Glitzerlidschatten, den sie seit Silvester 2000 nicht mehr benutzt. Im Überfluss vorhanden sind niemals geordnete Zeitungsausschnitte und Beilagen aus den Zeitschriften der letzten drei Monate. Auf dem Boden der Handtasche ringeln sich ein paar Sportsocken sowie ein paar halterlose Strümpfe, die sie für einen Liebhaber gekauft hat, den sie seit Monaten nicht mehr trifft. Das einzige, was an diesem Morgen wirklich von Nutzen wäre, die Krankenkassenkarte, liegt eingeklemmt zwischen den Seiten des *Da Vinci Code*, den sie seit dem vergangenen Sommer mit sich herumschleppt. Einen iPod besitzt sie noch nicht, denn in einem seltenen Augenblick der Weisheit hat sie erklärt: »Ich habe schon genug Zeug in meiner Tasche!« Die Krankenkassenkarte hätte sie für den Termin beim Orthopäden gebraucht: Seit zehn Jahren leidet die allesfressende Generalistin an einem unerklärlichen Schmerz in der rechten Schulter.

Die organisierte Aspirantin trägt immer eine eher kleine Handtasche, weil ihr die großen nicht gefallen. Sie meint, große Taschen würden ihr nicht stehen und befürchtet, dass die Leute fragen könnten: »Wohin geht diese Handtasche mit der Frau?«

Die Farbe ist neutral und das Material Leder der besten Qualität oder aber signierter Stoff à la Vuitton oder Gucci. Ihre etwas konformistische Wahl begründet diese Frau wie folgt: »Ein Klassiker bleibt ein Klassiker, er muss ewig halten, und ich kann wohl kaum mein Leben lang mit einer Handtasche in Erbsengrün herumlaufen!«

> *Männer kann man überreden, Frauen muss man überzeugen.*
> *Barbra Streisand*

Um ihr Kleinod vor Abnutzung durch die Zeit zu schützen, leert sie ihre Handtasche jeden Abend wie Amélies Mutter in dem Film »Die fabelhafte Welt der Amélie« mit Audrey Tautou. Bei dieser Gelegenheit entfernt sie unnütze Kassenbelege und zerknüllte Taschentücher. Zusätzlich spitzt sie jedes Wochenende den Eyeliner neu an, den sie in der Handtasche aufbewahrt und ersetzt die Nagelfeilen aus Pappe durch neue. Als sie eines Tages in ihrer Tasche einen vereinzelten Ohrring findet, bekommt sie einen Schreck, weil ihr beim besten Willen nicht einfällt, wo sie den anderen gelassen haben könnte. Dann allerdings fällt ihr ein, dass sie ihn in einem Schlafzimmer verloren hat, das sie ohnehin besser nicht betreten hätte. Daraufhin wirft sie auch den überlebenden Ohrring weg.

In der Handtasche dieses Typs Frau ist jeder Kurzwarensektor völlig getrennt von den anderen: Der Terminkalender wird von einem Gummi zusammengehalten, das Handy steckt in einer Handytasche, die Nagelschere liegt in einem eigens dafür bestimmten Kunststoffetui. Das hat man ihr letztens am Flughafen abgenommen; seitdem ist in ihrer Tasche wieder ein Platz frei. Vielleicht wird sie statt der Nagelschere ein Mini-Sprühfläschchen mit Fleckentferner anschaffen. Oder wäre ein Nähkit sinnvoller? Oder letztendlich doch der iPod?

Die heitere Transformistin wechselt ihre Handtasche täglich. Sie lagert alle ihre Taschen am Wohnungseingang auf einem wilden Haufen. Je nach Kleidungsstil nimmt sie sich dann die passende Tasche. Heute ist sie aus rotem Samt, klein, mit Schnörkeln im Stil der Achtziger; morgen ist sie groß, geometrisch und supermodern. Sonntags ist der Sportrucksack dran, am Samstagabend ein goldenes Nichts, passend zu den neuen Sandalen. Die heitere Transformistin

Wer behauptet, dass man Glück nicht mit Geld bezahlen kann, weiß in Wirklichkeit nur nicht, wo er einkaufen soll.
Anonym

ist die Imelda Marcos der Handtaschen. Sie legt sich eine Tasche nach der anderen zu und sammelt ihre Beute ungeordnet; weder der Plastiktasche für den Markt noch der teuren, wertvollen Marken-Handtasche kann sie widerstehen. Nur ärgerlich, dass sie beim rasanten Wechsel von einer Handtasche zur anderen vergisst, welche Gegenstände sich in welcher Tasche befinden. Infolgedessen vermisst sie jeden Tag etwas anderes. Die Busfahrscheine sind im Sonntagsrucksack liegen geblieben. Die Akte, die heute zum Steuerberater soll, befindet sich in einer Mappe, die sie zuletzt vor einem Monat benutzte. Ganz zu schweigen vom Reisepass, von dem sie annimmt, dass er in dem Bastkörbchen liegt, das sie letzten Sommer erstanden hat. Unverhofft erinnert sie sich an einen bestimmten Lippenstift – vielleicht ist er in dieser viel gerühmten Mini-Handtasche, die sie im Büro gelassen hat. Oder auch nicht, aber dort findet sich eine Visitenkarte wieder, die sie schon verloren glaubte. Der iPod, den sie sich zu Weihnachten hat schenken lassen, liegt in der Turntasche, das weiß sie mit Sicherheit. In den letzten sechs Monaten hat sie immer dieselbe benutzt. Aber vielleicht sollte sie das ändern? Sie hat ein paar neue, sehr bunte, äußerst praktische Sporttaschen gesehen. Doch, doch, die sind ganz unverzichtbar.

Die Jahresplanerin benutzt dieselbe Handtasche eine bestimmte Zeit lang, meist zwölf Monate, und wenn diese abgelaufen sind, kauft sie sich eine neue. Sie empfindet keinen Schmerz, keinerlei Bedauern für die Tasche, von der sie sich verabschiedet. Sie sammelt nicht, sie häuft nicht an. Sie beschränkt sich darauf zu konsumieren. Niemals trifft sie eine spontane Wahl. Sie informiert sich, überlegt, bewertet, probiert und probiert dann noch einmal. Wenn

Manche Frauen haben zu Handtaschen ein ähnliches Verhältnis wie manche Männer zu Autos.

sie es sich leisten kann, entwickelt sie bleibende Zuneigung zu einer Luxusmarke und kauft sich jedes Jahr das entsprechende neueste Modell. Sie hat zu Handtaschen ein ähnliches Verhältnis wie manche Männer zu Autos.

Modische Kriterien interessieren sie kaum. Dieser Typ Frau sucht nach dem Praktischen und nach einem wiedererkennbaren Stil. Sie mag keine eigenartigen Formen, akzeptiert jedoch bizarre Farben. Wichtig ist für sie, dass sie eine sichere Handtasche hat, mit einem Reißverschluss und genügend weiteren Verschlussmöglichkeiten zum Schutz gegen Diebstahl. Aus eben diesem Grund verabscheut sie die viel zu unstrukturierten Modelle ohne innere oder äußere Taschen. Sie träumt davon, reich zu sein, um sich das leisten zu können, was sie in ihrem Herzen die »ultimative Handtasche« nennt (eine Hermès, eine Bottega Veneta, eine Chanel, aber nur aus der Cambon-Reihe). Unterdessen ist sie gewissermaßen zur Miteigentümerin des Ladens geworden, der Taschen ihrer Lieblingsmarke verkauft und in den sie pünktlich immer wieder einkehrt.

Bis es soweit ist, sammelt sie auf dem Boden ihrer einen Handtasche Kinokarten, Kassenzettel, nie eingelöste Treuepunkte aus dem Supermarkt, Cremepröbchen, Muscheln, die ihre Kinder am Strand gesammelt haben, ein vierblättriges Kleeblatt, das sie auf dem Land gefunden hat. Zum Jahresanfang (der für sie mit dem Schulbeginn im September zusammenfällt) weiht sie ihre neue Handtasche ein und wirft die alte weg – mit so gut wie ihrem gesamten Inhalt. Diese Frau hat keinen iPod gekauft und wird sich auch keinen schenken lassen. Vielmehr hätte sie gerne ein winziges Palmtop, um endlich ihren Terminkalender zu ersetzen, der für eine brandneue Handtasche viel zu abgenutzt aussieht.

Die Bag-Victim ist auch bekannt als »Frau im Prada-Stand«. Das ist die Definition eines Freundes von mir, der anlässlich einer Party bei sich zu Hause, als er die Gäste empfing, einen sehr hohen Prozentsatz von Kreationen aus diesem Haus bemerkte.

Führe mich nicht in Versuchung. Ich finde den Weg allein.
Rita Mae Brown

Ob unser Handtaschen-Opfer nun im Stande Prada, Gucci oder Hermès lebt, das Ergebnis bleibt gleich. Mehr noch als Handtaschen sammelt diese Frau Marken. Von jeder Marke will sie das berühmteste und repräsentativste Stück haben. Bei einem Lottogewinn würde sie Zehntausende von Euro für das ausgeben – oder besser: investieren –, was sie als »echte Meisterwerke des zeitgenössischen Designs« bezeichnet. (Einen etwas begriffsstutzigen Mann hat sie zu einem günstigen Zeitpunkt bereits davon überzeugt, dass es fast egal ist, ob man an der Börse spekuliert oder in eine wertvolle Lederbörse investiert.)

Die Bag-Victim ist dermaßen von ihrer Leidenschaft besessen, dass sie nicht davor zurückschreckt, außerlegale Zonen zu betreten. Falls es nämlich ihr Budget nicht erlauben sollte, eine *echte* Markentasche zu erwerben, kauft sie sich eine Imitation.

Sie schert sich nicht darum, ob Größe und Farbe zu ihrem Lebensstil passen oder ob die Handtasche praktisch ist. Wichtig ist nur, die »It-Bag« des Jahres zu besitzen. Nachdem sie beschlossen hatte, dass sie einen iPod haben müsse, stellte sie fest, dass sie völlig abgebrannt war. Daraufhin begann sie diverse Second-Hand-Läden und Internetseiten abzuklappern, um eine uralte (echte) Vuitton zu verkaufen, von der sie glaubte, sie könne sie entbehren. Nicht nur, dass sie sie nicht verkauft hat – sie hat darüber hinaus bei eBay eine ganz entzückende Dior-Tasche aus den Achtzigern erstanden. Sie ist sich sicher, ein gutes Geschäft gemacht zu haben. Auf den iPod wird sie später zurückkommen. Jedenfalls nicht, bevor sie ein iPod-Etui gekauft hat, mindestens von Prada.

Das Paradies ist genau da, wo du gerade bist, nur viel, viel schöner.
Laurie Anderson

Die Doppeltaschenträgerin ist eine weise Frau, die für sich beschlossen hat, dass zwei Handtaschen besser sind als eine. Die meisten Frauen dieses Typus gelangen gewissermaßen auf dem Zen-Weg zu diesem Entschluss, nachdem sie viele Phasen durchlaufen haben. Sie haben große, mittlere und kleine Handtaschen besessen. Sie haben sich mit zusätzlichen Plastiktüten wiedergefunden in Situationen, in denen es besser gewesen wäre, nicht mit einer Plastiktüte herumzulaufen. Sie haben Papiertüten bis zu deren völliger Auflösung benutzt, weil die »offizielle« Handtasche gegen Ende des Tages nicht mehr ausreichte.

Im darauf folgenden Stadium begann die Doppeltaschenträgerin, einen kleinen Beutel aus Mikrofaser in ihre große Tasche zu stecken – mit dem festen Vorsatz, ihn nur während der Mittagspause auszupacken. Als sie eines Tages zu einer Verabredung elegant erscheinen musste und wusste, dass sie vorher nicht mehr nach Hause kommen würde, hatte sie eine kleine Abendtasche eingesteckt. Auf Dienstreisen (Messe, Filmfestival, Tagung) sah sie sich schon gezwungen, für zwei aufeinander folgende Tage zwei Taschen zu benutzen. Bis endlich die Erleuchtung kam: Je mehr man transportieren muss, desto mehr Taschen muss man haben. Für immer und ewig. Die eine sollte die normale Handtasche mittlerer Größe sein, die andere eine leichte, geräumige Mikrofaser-Tasche für die Arbeitsdokumente, das Lesebuch für die U-Bahn und wenigstens das Nötigste für die Yogastunde. Die gesponserte Tüte von der Tagung (oder der Messe oder dem Filmfestival) hat die Doppeltaschenträgerin daraufhin in die Wertstofftonne geworfen – zumindest wenn sie sich nicht mehr für das Thema der Tagung begeistern konnte – und damit begonnen, widerstandsfähige, ja farbige Einkaufstaschen zu erstehen. Sie hat sich gefreut wie ein Schneekönig, als sogar Prada im Sommer 2004 ausdrücklich eine zweite Tasche aus Nylon mit einer Menge bunter Bommel daran lanciert hat. Sie hat sich vorgenommen, sofort eine davon zu kaufen.

Die Doppeltaschenträgerin fährt oft Fahrrad oder Vespa, sodass sie die zweite Tasche in dem Fach für den Helm verstauen kann. Sie ist meist eine glückliche Frau, weil sie davon überzeugt ist, alles im Griff zu haben. Ihren iPod hat sie sich schenken lassen: Er liegt immer in der ersten Tasche.

Die lustige Lolita ist ein kleiner, zierlicher Frauentyp, der Farben wie rosa und blassgelb bevorzugt, selbst dann, wenn ihr dreißigster Geburtstag schon eine Weile zurückliegt – was allein schon zu denken

Wir werden alt, unsre Eitelkeit wird immer jünger. Marie von Ebner-Eschenbach

geben sollte. Der großartige Oscar Wilde hat einmal geschrieben: »Trauen Sie nie einer Frau, die sich lila kleidet, ganz gleich welchen Alters, und auch keiner über fünfunddreißig, die rosa Schleifen liebt.«

Heutzutage trägt eine Frau, die diesem Typus zuzuordnen ist, kleine Studentinnenrucksäcke, ganz gleich, ob ihr Beruf es eigentlich erfordern würde, dass sie mit einer Ledermappe unter dem Arm durch die Welt geht. Am laufenden Band kauft sie Taschen, Beutel, Körbchen. Das Ganze für wenig Geld – Hauptsache, es ist lustig. Aufschriften, Zeichnungen, Comicfiguren – ihr gefällt alles. Sie verspürt eine perverse Leidenschaft für japanisches Design à la »Hello Kitty«. Wenn sie eine Hervé Chapelier ersteht, dann will sie sie im Leopardenlook oder mit Blumen. Sie besitzt unter anderem eine Laptoptasche mit der Aufschrift *I am a Genius*, die sie in einem amerikanischen Laden für Teenager aufgespürt hat.

Hat Mick Jagger Jerry Hall wegen einer Handtasche verlassen?

Ihre Lieblingsmarke ist Lulu Guinness, eine britische Designerin, die seit 1989 Handtaschen in Form von Häusern, Hunden, Telefonhäuschen, Blumenvasen und was einem sonst noch so einfällt, entwirft. Comictaschen also, Taschen, die zeigen wollen, wie brillant, witzig und jugendlich die Trägerin ist. Kleine Nonsense-Skulpturen. Unter den Kundinnen von Lulu Guinness befindet sich auch Jerry Hall, die sich neulich fragte, ob Mick Jagger sie nicht ausgerechnet wegen einer Handtasche in Form einer chinesischen Pagode verlassen hat.

Im Normalfall ist bei der fanatischen Besitzerin von Taschen, die keine Taschen sein wollen, ein gutes Stück Regression im Spiel. Und falls Sie je das Glück haben sollten, in einer ihrer Taschen kramen zu können, werden Sie darin finden: ein pinkfarbenes Notizbüchlein, ein gelbes Brillenetui mit violetten Punkten, eine Haarklammer in Form eines Schmetterlings vom Amazonas, einen Terminkalender mit Emily Strange oder einem anderen Comicmädchen auf dem Cover. Die Vertreterin dieses Typus hat immer Kaugummi bei sich, sie bewahrt Fotos von ihrem letzten Urlaub in ihrer Handtasche auf und auf der Rückseite der Kinokarten notiert sie, falls es einen sentimentalen Wert haben sollte, mit wem sie den Film gesehen hat. Sie besitzt auch einen Federhalter, der mit gelben Federn verziert ist, als hätte man sie Tweedy ausgerissen. Im Sommer lässt sie ihrer Leidenschaft freien Lauf: Sie mag vor allem transparente Handtaschen aus farbigem Kunststoff, mit deren Hilfe sie ihre Umgebung Anteil an den bunten Reliquien ihres Lebens nehmen lässt. Abgesehen von Teenies, die sich ausgebootet fühlen und, um sich abzusetzen, dann lieber eine steife schwarze Handtasche tragen, die früher mal der Großmutter gehört hat, finden Frauen die lustige Lolita amüsant und kreativ. Männer fühlen sich von ihrem Verhalten eher erschlagen und verlieben sich nur selten in sie, weil sie sie für verrückt halten.
Obwohl er wunderbar zu ihrer Persönlichkeit passen würde, besitzt die lustige Lolita noch keinen iPod: »Ich warte darauf, dass sie einen mit Hawaiiblumen machen«, sagt sie.

Ally McBeal trägt fast nie eine Handtasche.

Die Handtaschenlose ist auf den ersten Blick originell, letztlich aber einer unbequemen Minderheit zuzurechnen – so denken zumindest Frauen, die ihrerseits schwergewichtige Taschen mit sich herumschleppen. Ally McBeal trägt so gut wie nie eine Handtasche – dies aber nur deshalb, weil die Regisseure fanden, dass ihre ausdrucksvolle Gestik (besonders wenn sie sich aufregt) dann besser zur Geltung kommt.

Diana Vreeland, die legendäre Chefredakteurin der US-*Vogue* – ein weiblicher Guru der Modegeschichte –, war strikt gegen Handtaschen. Sie forderte die Frauen dazu auf, Mäntel mit großen Taschen zu tragen. Was sich allerdings – das versteht sich von selbst – für jede Frau verbietet, die mehr als Konfektionsgröße 34 trägt. Wer keine Modelfigur hat, kann sich kaum leisten, von riesigen Taschen optisch verbreitert zu werden.

Ich bin fest davon überzeugt – und ich sage dies ohne jeden Neid –, dass die Handtaschenlosen einen außerordentlichen Typ Frauen darstellen: Sie sind völlig unabhängig – vor allem von ihren Gefühlen. Diesem Typus sind auch die Frauen zuzuordnen, die jede Art von Hut tragen können und die sich so gut wie niemals schminken, weil sie ungeschminkt am schönsten sind.

Nicht umsonst neigen Kinostars dazu, über den roten Teppich (anlässlich der Oscarverleihung oder bei ähnlichen Ereignissen) ganz ohne Handtasche zu schreiten. Möglich ist dies auch deshalb, weil sich stets eine Schar von Sekretärinnen/Assistenten/Presseagenten um sie drängt, die ihre Siebensachen für sie aufbewahren. Einen ganz typischen erniedrigenden Augenblick in meiner Karriere als Journalistin stellt mein Eintritt in die exklusive Hotelsuite dar, in der ich eine Schauspielerin interviewen sollte. Ich schleppe mich durch die Tür, fast erdrückt von der riesigen Tasche über meiner rechten Schulter – meine Interview-Partnerin ist bereits da, frisch wie eine Rose. Und, es versteht sich von selbst, ohne Handtasche.

Dennoch: Jede Frau hat die Möglichkeit, wenigstens einen Augenblick lang als Diva zu leben. Denn eine Braut trägt keine Handtasche! Ob es wohl daran liegt, dass man diesen Tag gemeinhin als den schönsten im Leben einer Frau bezeichnet?

Die Braut trägt keine Handtasche. Spricht man deshalb vom schönsten Tag im Leben einer Frau?

Ach, übrigens: Es ist wohl unnötig, darauf hinzuweisen, dass die Handtaschenlose nicht einmal in der hintersten Windung ihres Gehirns daran denkt, sich einen iPod zuzulegen.

Streng limitiert, vielfach imitiert: der Hype um die Luxushandtasche

Frauen machen sich nur deshalb schön, weil das Auge des Mannes besser entwickelt ist als sein Verstand.
Doris Day

Die Modeindustrie ist sich der Bedeutung der Handtasche für den heutigen Lebensstil durchaus bewusst. Und sie reitet auf der Welle, indem sie mit immer neuen Modellen aufwartet, die als »neue Klassiker«, als »unverzichtbar« und »legendär« angepriesen werden. Ein neues Handtaschenmodell wird inzwischen angekündigt wie ein Kinostar. Es trägt einen Namen und hat eine Persönlichkeit. Um die Tasche bekannt zu machen, verschenkt der Hersteller sie in der Tat häufig an Divas aus Fleisch und Blut, in der Hoffnung, dass potenzielle Käuferinnen anschließend im Laden vorstellig werden und sagen: »Ich hätte gerne die Handtasche von Gwyneth Paltrow.«

2005 kam dank einer äußerst erfolgreichen Pressekampagne die Mulberry, ein bis dahin gründlich verstaubtes Markenzeichen englischer Lederwaren von bloß noch historischem Wert, überraschend in Mode: Von der bereits arrivierten Kate Moss bis hin zu Shooting-Star Scarlett Johansson wurden seinerzeit jede Menge prominenter Frauen mit einer Mulberry am Arm fotografiert. Der Verkaufsboom folgte auf dem Fuße.

Noch Aufsehen erregender und beispielhafter ist der Fall der Motorcycle von Balenciaga (bekannt auch als Biker oder

Lariat). Balenciaga galt in der Modebranche als Nischenmarke mit einer ehrwürdigen, wenn auch ein wenig in Vergessenheit geratenen Firmengeschichte. 2002 entwarf Nicholas Ghesquière, der neue Designer des Hauses, eine Tasche, die man Carine Roitfeld schenkte, Chefredakteurin der *Vogue France* und eine wunderschöne Frau, die Maßstäbe setzt. Ein Foto hier, ein Zitat dort, und die Biker wurde zu einem Must-have. Heute besitzt Nicki Hilton, die Schwester von Paris und ein Satansbraten unter den Prominenten, eine ganze Kollektion von Bikers in allen Farben. Schnelle Lederwarenhersteller auf der ganzen Welt haben das Modell kopiert, nachgeprüft und verbessert. Vor allem aber wurde Balenciaga zu einem richtig heißen Markenzeichen, und wer es sich leisten kann, kauft nun auch Hosen, Röcke und Mäntel aus diesem Hause. Mehr noch: Rund um die Biker ist eine Internet-Fangemeinde entstanden. Die Anhängerinnen tauschen Tipps aus und kaufen bzw. verkaufen Exemplare des Kultobjekts bei eBay. Eine von ihnen hat sogar ein kleines elektronisches Handbuch geschrieben mit dem Titel *Guide To Authentic Bag Balenciaga On-line*, das darüber unterrichtet, wie man es vermeidet, mit einer Fälschung übers Ohr gehauen zu werden.

Ein Foto hier, ein Zitat dort – und eine Handtasche wird zum Must-have.

Im vergangenen Jahrzehnt haben die diversen Marken der Luxusindustrie finanzielle Flauten erlebt und wurden zu Hauptdarstellern komplizierter Firmenfusionen. Dennoch blieb ihnen allen eine handfeste Gewissheit: Handtaschen lassen sich verkaufen, und wie! Wenn eine Firma das Modell des Jahres hinbekommen hat, dann hat sie es geschafft. Die It-Bag der Saison ist ein Schlüssel, der ganz neue Märkte eröffnet. Entsprechend werden die Accessoire-Designer

Wo wäre die Macht der Frauen ohne die Eitelkeit der Männer?
Marie von Ebner-Eschenbach

in den Modehäusern zu Schlüsselfiguren. Nach dem Austritt von Tom Ford aus dem Gucci-Konzern beispielsweise wurde das Design der Kleidung Alessandra Facchinetti anvertraut, während Frida Giannini für Schuhe und Taschen verantwortlich war. Die Kollektionen Alessandras gefielen nicht und sie wurde mehr oder weniger gefeuert. Frida regiert heute auch über die Bekleidung.

Marie-Pierre Lannelongue, Redakteurin bei *Elle*, hat die Handtaschen völlig zu Recht als heiligen Gral des Fashion-Business identifiziert. Schon ein ganzes Jahrzehnt lang bringt die Accessoirebranche den diversen Luxusmarken den größten Umsatz: Man spricht von 60 Prozent bei Gucci und 90 Prozent bei Vuitton. Während es jedoch schwierig ist, bei Brillen und Schuhen den genauen Einfluss eines bestimmten Modells auf die Popularität der Marke zurückzuverfolgen, ist das Spiel im Falle der Handtaschen offensichtlich. So ist es beispielsweise die Baguette, die Taschen-Ikone der späten neunziger Jahre, die der Marke Fendi zu ungeahnter Bekanntheit verholfen hat, selbst bei einem Publikum, das sich weder Bekleidung noch Lederwaren des Hauses leisten könnte.

Der Aufschwung des Hauses Dior verdankt sich im Wesentlichen der Arbeit des Grenzen überschreitenden John Galliano, aber ebenso sehr dem Erfolg eines Taschenmodells von 2001, der Saddle-Bag, einer Tasche in Sattelform, von Prominenten getragen und von Nicht-Prominenten erträumt, die sich ersatzweise mit Imitationen etwas Gutes tun ... und aufs Internet ausweichen.

Auf den Online-Auktionsseiten von eBay machen Secondhand-Markentaschen Furore. Großen Anklang fand anfänglich auch *www.bagborroworsteal.com,* wo die diversen Mombasas (Yves Saint-Laurent), Bowlings (Prada) oder Hard-Cores (Dior) einfach für einen bestimmten Zeitraum gemietet werden konnten. Inzwischen gibt es mehrere verschiedene Websites zu diesem Zweck.

Handtaschen kann man auch mieten.

Die It-Bag stellt also für die Unternehmen ein großartiges Geschäft dar, vereinheitlicht allerdings auch unser Straßenbild. Von Mailand bis New York, von Tokio bis Kitzbühel – alle Frauen tragen überraschenderweise dieselbe Handtasche.

Darüber hinaus verliert Luxus etwas von seiner Großartigkeit, wenn man ihn leicht nachahmen oder fälschen kann. Die Globalisierung beschneidet die Phantasie und verflacht den Geschmack. Und, was noch schwerwiegender und widersprüchlicher ist, sie vernichtet den Effekt des »Exklusiven«. War gegen Ende der achtziger Jahre eine Reisetasche von Vuitton noch ein besonderes, maßgefertigtes Objekt, so kann sich heute jede Frau etwas leisten, das der Vuitton zumindest aus der Ferne ähnlich sieht. Was bedeutet, dass auf ganz überraschende Weise nichts mehr wirklich »elitär« ist, denn »jede hat es«.

Je größer die Palette der Nachahmer-Produkte wird, umso mehr fasst das Konzept der *limited edition* Fuß. Entwickelt wurde es von Louis Vuitton, einem Marktführer unter den Handtaschen-Herstellern. Unter der Aufsicht des amerikanischen Hausdesigners Marc Jacobs wurden winzige Kollektionen von Künstlern bemalter Handtaschen hergestellt. Die Idee schlug ein und die Wartelisten wurden immer länger. Der Erfolg ist den Vuitton-Graffiti des 2004 verstorbenen Designers Stephen Sprouse aus dem Jahr 2000 zu verdanken. Bei der Tasche handelt es sich um eine Vuitton mit dem klassischen Monogramm, die jedoch von Lackspritzern »beschmutzt« zu sein scheint. Das Phänomen wiederholte sich 2003 mit Modellen, für die der Japaner Takashi Murakami farbige Zeichnungen auf weißem Hintergrund anfertigte. Paradoxerweise hat auch die superexklusiven Murakami-Taschen sofort dasselbe Schicksal ereilt wie andere Luxushandtaschen auch: Sie wurden auf Teufel komm raus imitiert. Soviel zum Thema »limited edition«. Ein Original aus einer limited edition zu besitzen, bedeutet allerdings nach wie vor, Prominentenstatus zu haben oder zumindest zur neuen Aristokratie unseres Medienzeitalters zu gehören.

Ein bestimmtes Modell im Original zu besitzen heißt: Man ist prominent.

Wenn Schuhe auf den Grad an Sexappeal einer Frau hinweisen, so sagen Handtaschen etwas aus über ihren sozialen Status, ihre Freundschaften und ihren Lebensstil. Denken Sie nur an Martha Stewart, die Amerikanerin, die mit Zeitschriften und Fernsehprogrammen reich wurde, in denen sie ihren Mitbürgern gutes Benehmen beibrachte. Nicht einmal als sie wegen unerlaubter Börsengeschäfte verhaftet wurde, trennte sie sich von ihrer Birkin von Hermès. Mit einer gewissen Arroganz stellte sie diese bei jeder Gerichtsverhandlung zur Schau, wie um zu sagen: »Bis auf meine Handtasche könnt ihr mir ruhig alles wegnehmen. Sie ist hier, um allen zu zeigen, wie gut ich mich bisher gehalten habe.«

Auch in Großbritannien stand häufig eine Birkin im Mittelpunkt von Polit- oder Sexskandalen. Kimberly Salomon Fortier Quinn (der Großteil ihrer Nachnamen stammt von ihren diversen Ehemännern) hat immer wieder reiche und mächtige Männer verführt. In dem ganzen Durcheinander, das sie dabei verursachte, ist sie auch verantwortlich für den Rücktritt David Blunketts, des Innenministers der Regierung Blair, den der Klatsch im Zusammenhang mit dieser tückischen Lady schließlich aus dem Amt spülte. Kimberly stand zuvor bereits im Rampenlicht, weil ihr Ehemann, *Vogue*-Verleger Stephen Quinn, Himmel und Hölle in Bewegung setzte, als sie den Wunsch nach einer Birkin aus Krokodilsleder im Wert von 15 000 Euro äußerte. Dank des einflussreichen Ehemanns musste Kimberly nur neunzehn Tage auf ihre Handtasche warten. Wäre sie den regulären Weg gegangen und hätte sich auf die Warteliste setzen lassen, hätte sie sich dagegen neun Monate lang gedulden müssen. Als die heiß ersehnte Tasche geliefert wurde, stimmte die Farbe nicht. Kimberly ließ die Leiterin des Ladens herbeizitieren. Sie schrie.

Die Handtasche – eine Freundin, die niemals lügt.

Wie jedes andere Machtsymbol also können auch Handtaschen zu ganz unsympathischen Gegenständen werden. Doch wie sonst auch liegt das Problem nicht in dem Gegenstand an sich, sondern in der Botschaft, die er transportiert. Angesichts der oft rauen Wirklichkeit des Alltags erscheinen die anmaßend luxuriösen Handtaschen des alten und neuen Adels als köstliches Versprechen des süßen Nichtstuns. Mit Sicherheit gilt: Eine Handtasche ist wie eine sehr gute Freundin. Oder auch eine, die niemals lügt und dir sagt, wie es wirklich steht.

Fälschungen – zwischen Ethik und Ästhetik

Wir schreiben das Jahr 1960. Der Regisseur Luchino Visconti lädt Alain Delon, damals ein vielversprechender Jungschauspieler von 24 Jahren, zu Probeaufnahmen für den Film *Rocco und seine Brüder* ein.

Visconti hat einen Louis-Vuitton-Koffer bei sich. Nach dem Treffen kommentiert Delon gegenüber einer Freundin: »Das ist nicht irgendein dahergelaufener Regisseur, er ist ein echter Aristokrat. Stell dir vor, auf seinem ganzen Gepäck waren seine Initialen eingeprägt ...«

1960 war die Marke Vuitton noch ein Geheimtipp ...

Tatsächlich haben Lous Vuitton und Luchino Visconti dieselben Initialen. Und tatsächlich war die Marke Vuitton im Jahre 1960 noch ein Geheimtipp. Heutzutage würde kein junger Schauspieler mehr so viel Naivität an den Tag legen. Vuitton ist nach wie vor eine bekannte und beliebte Luxusmarke, trotz (oder gerade wegen?) des boomenden Geschäfts mit Fälschungen.

Die Koffer und Handtaschen mit dem vertrauten Logo sind so weit verbreitet, dass ein Snob wie Visconti, wäre er noch am Leben, es sich zwei Mal überlegen würde, bevor er mit einem Vuitton-Produkt vor die Tür ginge.

... heute ist sie eines der weltweit wichtigsten Unternehmen.

Im Jahre 1960 war das jedoch anders. Die Pariser Marke Vuitton wurde, ähnlich wie das italienische Label Prada, als Betrieb für Lederwaren nach Maß gegründet. Das war 1854. Heute ist Vuitton die Führungsmarke des Konzerns LVMH (Louis Vuitton Moet Hennessy) und der weltweit wichtigste Hersteller von Luxuswaren. Laut *Financial Times* steht der Konzern in der Rangliste der 500 wichtigsten Unternehmen der Welt auf Platz 149. Unter dem Konzerndach sind Marken wie Céline, Givenchy, Kenzo, Pucci und Loewe angesiedelt. Loewe ist in Spanien dasselbe wie Vuitton in Frankreich: nicht irgendein, sondern *der* Hersteller von Lederwaren, 1846 gegründet und offizieller Hoflieferant des spanischen Königshauses.

Vuitton hat die Tradition eines prestigeträchtigen Handwerks in ein gutes Gleichgewicht mit gekonntem modernem Konzern-Management gebracht. Auf diese Weise hat sich das Unternehmen als der Koloss etabliert, den wir heute kennen. Einer der Schlüssel seines weltumspannenden Erfolgs besteht darin, dass es dem Konzern gelang, auf den östlichen, besonders den japanischen Markt vorzudringen. Im Land der aufgehenden Sonne müssen breite Käuferschichten die Initialen LV als magisches, Glück bringendes Ideogramm verstanden haben – vorausgesetzt, es stimmt, was man so hört. Jedenfalls besaßen laut Schätzungen im Jahr 2000 gut 20 Millionen Japaner mindestens eine Vuitton-Tasche – und wir sprechen hier von echten, vom Pariser Modehaus zertifizierten Produkten.

Wie wir jedoch bereits gesehen haben, ist Vuitton auch die Marke, die auf dem riesigen Markt der Handtaschenplagiate am meisten imitiert wird. Dies geschieht in einem solchen Ausmaß, dass das Unternehmen 40 Spezialanwälte und 250 Privatdetektive beschäftigt, die den Fälschungen nachgehen. Allein im Jahr 2004 starteten sie weltweit 4200 Überraschungsangriffe und reichten 8200 Mal Klage gegen die Fälscher ein.

Vuitton-Taschen werden am meisten imitiert.

Der Gesamtumsatz von Taschen-Imitationen (der Marke Vuitton, aber auch aller anderen Marken) wird auf 512 Milliarden Dollar geschätzt; laut Experten ist er von 1993 bis heute um 1700 Prozent gestiegen. Die Unternehmen versuchen sich mit allen möglichen Mitteln zu schützen, vom eingenähten Mikrochip bis hin zu speziellen Strichcodes. Bisher scheint es sich aber um einen ungleichen Wettbewerb zu handeln – ähnlich wie der Kampf der CD- und Filmproduzenten gegen kostenlose Downloads aus dem Internet.

Das Zentrum der Produktion von Fälschungen ist China. Von hier aus, besonders von Guangdong – besser bekannt unter dem Namen Kanton –, werden die Handtaschen auf die Verkaufsstände jedweder Stadt geschleust. Für Chinareisende gehört es zum touristischen Gesamtpaket, ein Imitat direkt an der Quelle zu kaufen – es ist eine Art Must, ähnlich wie der Besuch des Vatikans bei einer Rom-Reise.

Eine Fälschung direkt an der Quelle kaufen – ein touristisches Must?

Als eine meiner Freundinnen neulich in Peking war, fand sie sich in einer kleinen Turnhalle wieder, wahrscheinlich einer ehemaligen Schule, wo alles Mögliche zum Kauf angeboten wurde: Bekleidung und Schuhe, Uhren und Dessous – alles berühmte »Markenware«, unverschämt falsch und zu lächerlich geringen und außerdem verhandelbaren Preisen. Die Handtaschen machten den größten Teil der Ware aus – das gilt hierzulande ebenso wie in Shanghai. Dort gibt es sogar eine Verkaufsstelle, die einfach »Fake Market« heißt. Fragen Sie, wen Sie wollen – jeder wird Ihnen sagen können, wo sich dieser Markt befindet. In Peking hat meine Freundin für 20 Dollar das Plagiat der super-trendigen Gisèle von Luella Bartley gekauft. Nicht einmal die Besitzerin einer Mailänder Boutique, die die echten Handtaschen für über 400 Euro verkauft, konnte die Tasche als Fälschung identifizieren.

Die Fälschungen sind gut organisiert.

Die Chinesen sind sehr gut organisiert. Sie produzieren in großer Menge und mit hoher Geschwindigkeit. Sie sind perfekt informiert über die Markttendenzen und geben zu den gefälschten Fendis, Diors oder Tod's sogar die passenden Kataloge heraus. Und oft – obwohl dies unmöglich als Gewähr für die Echtheit des Artikels gelten kann – hängen sie an die Handtaschen ein Illustriertenfoto, auf dem irgendein westlicher Star mit dem jeweiligen Modell abgebildet ist.

Doch das ist nicht nur in China so. Viele der Fälschungen, die in den reichen Westen mit seiner Gier nach Statussymbolen gelangen, werden in Thailand, Brasilien, Vietnam und Pakistan hergestellt. In armen Ländern also, wo die Arbeitskosten minimal sind, der Schutz durch

Gewerkschaften nicht gegeben und das Konzept des Copyright unbekannt ist. All diese Dinge vergessen wir oft und gerne – ebenso wie die Tatsache, dass die gefälschte Vuitton nicht selten von einem Kind gefertigt wurde, das als Arbeitssklave gehalten wird und dessen gutes Recht es eigentlich wäre, zur Schule zu gehen.

Imitate haben eine große Anziehungskraft; sie stellen eine echte Versuchung dar. Eine Freundin von mir hat einmal am Strand von Forte dei Marmi einen gefälschten Prada-Rucksack in haargenau dem gleichen Blau wie der echte erstanden. Allerdings zum halben Preis. Als sie ihrer Schwester von dem Schnäppchen berichtete, meinte diese empört: »Hey, Fälschungen kauft man nicht! Erstens sind sie hässlich und zweitens finde ich es falsch, diesen Markt zu unterstützen.« Und einige Sekunden später: »Könntest du vielleicht mal nachschauen, ob sie dasselbe Modell auch in Braun haben?« Adios Ethik und Ästhetik!

Es gibt zwei Phasen im Leben, in denen die Männer uns nicht verstehen können: vor der Heirat und nach der Heirat.
Katharine Mansfield

Auch Carrie und Samantha, zwei Figuren aus der Serie *Sex & The City*, erliegen der Versuchung oder zumindest ihrer Neugier. Sie befinden sich gerade in Los Angeles und gehen nach Santee Alley, wo unter freiem Himmel *Rip-Offs* – also Fälschungen – verkauft werden. Hierher kommen oft die Kostümbildner von Soaps und Kinoproduktionen mit kleinem Budget, vor allem aber Frauen, die nach einem kostengünstigen Funken Chic suchen. Carrie und Samantha wenden sich schließlich angewidert ab. Und die Moral der Folge ist: Wenn du etwas Falsches trägst, bist du vielleicht selbst ein bisschen falsch.

Das ist sicher richtig. Aber ebenso richtig ist, dass uns die wahnsinnigen Preise der Markenartikel völlig konsterniert zurücklassen. Eine Handtasche kann heute mehr als Schmuck kosten. Vor kurzem habe ich auf derselben Seite der *New York Times* zwei Anzeigen nebeneinander gesehen. Die eine warb für ein Bettelarmband von Tiffany, aus Gold und mit Diamanten. Kostenpunkt: 2500 Dollar. Die andere zeigte eine herrliche Straußenleder-Handtasche des Designer-Giganten Marc Jacobs für 4000 Dollar.

Ein Mann mit großem Bankkonto kann gar nicht hässlich sein.
Shirley MacLaine

Die Qualität des Materials, die Originalität des Designs, die präzise Fertigung und zudem die Garantie für lange Lebensdauer: diese Details machen den Unterschied zwischen Original und Fälschung aus. Für die Anfertigung einer echten Chanel 2.55 sind 180 Handgriffe notwendig. Das gibt einem dann doch zu denken. Die amerikanische Zeitschrift *Harper's Bazaar* hat sich die Mühe gemacht, auszurechnen, in welchem Zeitraum sich einige kostspielige Stücke amortisieren: Die Speedy Bag von Vuitton beispielsweise kostet um die 500 Dollar. Benutzt man sie an 100 Tagen im Jahr, gibt man dafür mathematisch korrekt täglich fünf Dollar aus.

Eines versteht sich von selbst: Vom modischen Standpunkt aus ist eine Handtasche umso erfolgreicher, je öfter sie gefälscht wurde. Dies bestätigte Frida Giannini, Kreativdirektorin von Gucci, in einem Interview für die italienische Ausgabe von *Marie Claire*: »Manchmal würde ich auf der Straße gern die Frauen anhalten, die Fälschungen tragen. Ich würde ihnen sagen, dass sie sich, ohne es zu wissen, selbst abwerten. Es ist doch besser, man trägt eine anonyme, aber gut gefertigte Handtasche. Dennoch muss ich hinzufügen: Es beunruhigt mich, wenn mir unterwegs keine falschen Guccis über den Weg laufen. Das bedeutet nämlich, dass wir uns mehr Mühe geben müssen. Wenn die Plagiate allerdings überhand nehmen, ist es an der Zeit, ein neues Modell zu entwerfen.«

Die uralte Suche nach der vollkommenen Tasche

Vor einiger Zeit las ich in einer amerikanischen Zeitschrift von der Geburt der »vollkommenen Handtasche«. In dem Artikel stand: »Sie ist weder zu groß noch zu klein, weder zu elegant noch zu sportlich, sie ist geräumig und doch nicht sperrig. Sie besteht aus dickem, jedoch nicht schwerem Leder.«

Eine Frau, die nichts zu bereuen hat, ist bedauernswert.
Jeanne Moreau

Sofort dachte ich: Wow, heureka! Diese Tasche will ich haben! Vielleicht geht damit der Traum eines ganzen Lebens in Erfüllung, das der Suche nach dem Modell gewidmet ist, das ein Dasein irriger Ausgangspunkte, falscher Käufe und reuevoller Gedanken über das (meist allzu reichlich) ausgegebene Geld revolutionieren könnte.

Das wundersame Objekt, um das es hier geht, heißt Trigger Bag und wurde von Monica Botkier entworfen, einer Ex-Modefotografin aus New York, die mit diskretem Erfolg dazu übergangen ist, Handtaschen zu designen – dies geht jedenfalls aus ihrer Website hervor: *www.botkier.com.*

Ich habe diese Handtasche auf meiner nächsten Dienstreise in die USA gesucht und gefunden. Die Verkäuferin des Geschäfts in Los Angeles, die sie mir verkaufte, hat sich zu einer Kundin wie mir beglückwünscht, in etwa mit den Worten: »Sie verstehen wirklich etwas davon.« Was soviel heißen sollte wie: »Sie lassen sich nicht von der Logo-Manie blenden, Sie haben einen modischen, aber intelligenten Gegenstand ausgesucht.«

Und das stimmt: Die Botkier erfüllt sämtliche Eigenschaften einer perfekten Handtasche. Herzlichen Glückwunsch an ihre Schöpferin! Dennoch hat sie meinen Hunger nach anderen, neuen Handtaschen nicht gestillt. Auch wenn sie weniger bequem sind und schlechter zu meinem Lebensstil passen.

Die schreckliche Wahrheit: Die definitive Handtasche gibt es nicht.

Das ist die schreckliche Wahrheit: Die definitive Handtasche gibt es nicht! Wahrscheinlich aus denselben Gründen, wie der multiple und der simultane Orgasmus nichts als eine Großstadtlegende darstellen und die Liebe anders ist als im Film, wo man im Zeitlupentempo küsst und immer die richtigen Worte im richtigen Augenblick ausspricht. Die vollkommene Handtasche ist ein Mythos, ein Streben, das von der Wirklichkeit niemals eingeholt werden kann.

Das beweist die Geschichte dieses sich ständig wandelnden Accessoires, das jedoch dazu prädestiniert ist, uns auf ewig unbefriedigt zu lassen. Die ersten uns überlieferten »Handtaschen« finden wir in den prähistorischen Felsenzeichnungen aus der Wüste von Tassali, Algerien. Wahrscheinlich handelte es sich dabei um Ledersäckchen mit Schnüren daran, in denen sich eine Pfeilspitze befand. Die Höhlenbewohner gingen hinaus, jagten und aßen, was sie gefunden hatten. Die Frage, wo man die Hausschlüssel verstauen sollte, stellte sich sicherlich nicht.

Spätere Kulturen, wie die der Skythen, der Ägypter, der Griechen und der Römer, begannen mit diesen Säckchen herumzulaufen, die sie in der Taille befestigten. Sie waren ein Unisex-Accessoire und blieben es bis ins Mittelalter hinein.

In den folgenden Jahrhunderten veränderten sich die Täschchen parallel zur Mode und zu der Entwicklung der Stände und Geschlechter. Die reichen Männer stellten immer ausgesuchtere Portemonnaies zur Schau (mit Goldfäden filigran bestickt und mit feinen Verzierungen versehen), denen sie die Münzen entnahmen, beispielsweise Almosen für die Armen. Nicht umsonst hieß der (Geld)beutel, den man am Gürtel befestigte, auf Französisch *aumônière*, von *aumône*, Almosen.

Eine Ehefrau sollte niemals etwas tun, was auch ihr Mann erledigen kann.
Maria Theresia

Unterdessen versteckten die Frauen ihre Besitztümer in den immer weiteren Gewändern, in deren Ärmel sie von außen unsichtbare Taschen eingenäht hatten. Ihr Leben spielte sich die meiste Zeit im Hause ab, sodass sie nicht viel transportieren mussten.

Die einzigen Frauen, die damals etwas bei sich trugen, das den heutigen Handtaschen ähnlich sah, waren die Bäuerinnen: Sie hängten sich an Schultergurten befestigte Brotbeutel um, die denjenigen der Männer aus derselben Schicht glichen. Wie der Name schon sagt, befand sich in diesen Taschen die Speise, die den harten Arbeitstag auf dem Feld ein bisschen erleichtern sollte.

Gegen Anfang des 17. Jahrhunderts begann die bürgerliche Männerkleidung Taschen zu entwickeln, wie wir sie heute kennen, während die Frauen allmählich schmalere Kleider trugen. Man kann sagen, dass die Handtaschen 1790, zur gleichen Zeit wie die Mode des Empirestils, geboren wurden. Die neue Linie ließ nicht einmal Platz, um einen Zettel zu verstecken, und die Damen fingen an, sich kleine Stoffsäckchen anfertigen zu lassen, die sie in der Hand trugen oder an kleinen Kordeln um das Handgelenk schlangen. Anfang des 19. Jahrhunderts gab es in Europa keine einzige Frau mehr, die ohne ihre »Trousse« aus dem Haus gegangen wäre.

Ein Mann fühlt sich bereits frei, wenn er nicht an der Leine zieht.
Coco Chanel

Was war geschehen? Die modernen Zeiten waren angebrochen. Und nachdem die Galane verschwunden waren, die die Frauen Schritt für Schritt begleitet und selbst noch ihren Fächer getragen hatten, fingen die Frauen nun an, sich selbstständig vom Fleck zu bewegen. Sie begannen sogar, selbst zu reisen und zu arbeiten, und hatten dabei immer mehr die ersten Handtaschen nötig, die anfänglich nichts anderes waren als Miniaturkoffer, die sogar mit einem Schlüssel oder Vorhängeschloss versehen waren. Diese schienen die perfekten Gefährten für ein neues Leben und die kommenden Jahrhunderte. Rasch wurde jedoch klar, dass dies nicht ganz stimmte. Mode und Anforderungen änderten sich von Jahr zu Jahr.

In den 1940er-Jahren, während des Zweiten Weltkriegs, trug man in London große Handtaschen mit doppeltem Boden, in denen Gasmasken für die gesamte Familie

Platz hatten. In den Fünfzigern ging man mit steifen Handtäschchen spazieren, die in gebührendem Abstand zum Körper schwangen. Während der sexuellen Revolution streiften die Gurte der Umhängetaschen den Körper der Frauen, als wollten sie mit ihnen verschmelzen.

Handtasche = Traumprinz: Kaum haben wir ihn, kommt er uns vor wie ein beliebiger Trottel.

Und so ging das weiter bis zu den ebenso trügerischen wie zersetzenden Versprechen der Botkier anno 2003. Für uns Frauen, diese sprichwörtlich nicht zufriedenzustellende Spezies, sind die Handtaschen wie der Traumprinz: Kaum nennen wir ihn unser eigen, schon haben wir den Eindruck, er ist nichts als ein beliebiger Trottel.

Die Erste vergisst man nie …

Die Leidenschaft für Handtaschen kann in jedem Alter erwachen. Manchmal wird sie sehr spät entfacht. So erzählte mir beispielsweise die Schauspielerin Penélope Cruz beim Interview, dass sie ihre Handtaschenpassion erst kurz zuvor entdeckt hatte. Ich hatte sie gefragt, welche Art von Taschen sie mag. Sie schaute sich meine Handtasche an, die in etwa der Birkin nachempfunden war. »Diese hier zum Beispiel«, meinte sie. Darauf ich: »Das ist aber nicht das Original.« Penélopes Antwort war knapp: »Das ist nicht wichtig. Auf das Modell kommt es an.«

Die Leidenschaft für Handtaschen kann in jedem Alter erwachen.

Ein Jahr später habe ich sie erneut interviewt. Ihre Kultiviertheit in Sachen Handtaschen hatte merklich zugenommen. Sie trug eine Detective Bag von Dior, das neueste Modell der allerletzten Mode. Und natürlich ein Original.

Wenn sich auch Penélope Cruz mit etwas Verspätung in den Gedanken verliebt hat, eine Fetisch-Handtasche zu besitzen, begann die Qual des Haben-Wollens für den größten Teil der Bag-Victims unmittelbar nach der Grundschule. Mit kaum mehr als zehn Jahren haben wir den Unterschied zwischen uns und unserer Mutter begriffen: Sie trug eine Handtasche, während wir allerhöchstens einen Schulranzen mit uns herumschleppten.

Darin lagen unsere Bücher und Hefte. Mamas Handtasche hingegen konnte Leben retten: Sie enthielt nämlich

Mamas Handtasche konnte Leben retten.

das Notfall-Taschentuch für die laufende Nase und die Trostkaramellen. Und außerdem verströmte sie diesen angenehmen Puderduft, an dem wir gerne schnüffelten.

Heute ist das etwas anders. Auf Flughäfen sieht man kleine Mädchen, die echte und eigene Rollkoffer mit Blumen und Hampelmännern darauf hinter sich herziehen. Als Komplizin so mancher Marketinglist wird man in unserer Zeit einige Jahre früher »kleine Dame«: Denn schon Zwölfjährige telefonieren mit dem eigenen Handy und lassen sich Strähnchen ins Haar färben.

Ich begann Handtaschen zu tragen, als ich Mittelstufenschülerin war. Die erste war eine Umhängetasche aus Leder und stank wie eine ganze Schafherde. Sie gehörte zur Gattung der Postlertaschen mit einer großen Klappe daran. Das Unisex-Modell war das genaue Gegenteil der Handtäschchen, die von Damen vorhergehender Generationen getragen wurde.

Die Postlertasche – vor allem, wenn sie von Handwerkern aus Tolfa im Latium gefertigt und auf Flohmärkten gekauft war – war in den 1970er-Jahren, zumindest im Winter, ein unerlässliches Accessoire. Sommers machte sie den Umhängetaschen aus bunten indischen Stoffen mit einer Menge Spiegelpailletten Platz, die zu jeder Jahreszeit vor süßlichem Patchouli-Duft – dem Parfum der Hippies – nur so trieften.

Was mich betrifft, so kann ich mich erinnern, dass die wichtigsten Dinge in diesen Taschen ein Heft mit meinen tiefsten Gedanken, ein Beutel voller Telefonmünzen und der Kajalstift für den Lidstrich am inneren Augenrand waren.

Geld hat mit Stil nichts zu tun, aber natürlich ist es bei jeder Gelegenheit nützlich.
Diana Vreeland

Die Mädchen, die bei den Ursulinen zur Schule gingen, trugen andere Taschen. Schon damals waren sie verrückt nach Markentaschen mit Statussymbol. Eine der wichtigsten davon war die Jackie von Gucci, die Handtasche, die ihren Namen zu Ehren von Jackie Kennedy bekommen hat. Die Schülerinnen trugen diese Tasche am liebsten in braunem Leder mit grünen und roten Stoffbändern in der Mitte und Karabinerhaken. An den Schulterriemen wurde ein Schal, am besten derselben Marke, geknüpft – ein weiterer Fetisch von Frauen aus den erwähnten Kreisen. In Mailand nannte man sie »Sanbabilininnen« (von der Piazza San Babila), in Rom waren es die »Pariolininnen« (aus dem Viertel Parioli).

In der Jackie war nichts mit Patchouli, dort duftete es nach Calèche von Hermès. Außerdem lagen darin der unvermeidbare Roll-on-Lipgloss mit Erdbeergeschmack sowie ein silberner Parker-Kugelschreiber.

Die ersten Raucherinnen unter uns trugen außerdem ihre Zigaretten in der Handtasche. Damit ihre Eltern sie nicht sahen, machten sie es wie ein Mädchen aus meiner Klasse, das eine der ersten Beuteltaschen von Louis Vuitton besaß ... nebst einer sehr neugierigen Mutter. Meine Freundin hatte ihre Zigaretten in eine Hansaplast-Packung gelegt; die Streichholzschachtel steckte in der

Innentasche jener Schlaghosen aus Kord, die damals absolut angesagt waren. Die Hosen landeten in der Reinigung, die Streichhölzer wurden zu Brei und die Ärmste war enttarnt. Hätten die Streichhölzer ebenfalls in der Handtasche gelegen, wäre nichts passiert.

Der eigene Hausschlüssel in der Handtasche – Symbol der Unabhängigkeit.

Wie dem auch sei, die alternativ Angehauchte vom staatlichen Gymnasium wie die kleine Bürgerliche von der Privatschule hielten vor allem aus zwei Gründen an ihrer Handtasche fest: Zum einen wegen des Hausschlüssels – Symbol dafür, dass man anfing, alleine auszugehen –, und zum anderen wegen der Verhütungsmittel, ganz gleich, ob es sich um die Pille, das Diaphragma oder um Kondome handelte. Dass letztere dann doch nur selten in Anspruch genommen wurden, ist ein anderes Thema. Die Vorstellung allerdings, dass es hier einen Ort gab, an dem man geheime Utensilien des persönlichen Lebens aufbewahren konnte und an den die Erwachsenen nicht ohne weiteres herankamen, war bereits ein erster Schritt zur Emanzipation.

Unbeschreiblich weiblich: die Handtasche als sekundäres Geschlechtsmerkmal

In seinem Film *Alles über meine Mutter* lässt Pedro Almodóvar eine seiner Figuren sagen: »Prada steht besonders Nonnen gut.« Dieser geniale Seitenhieb nimmt die Schlichtheit des Prada-Stils aufs Korn. Bedenkt man jedoch, dass die berühmte italienische Marke vor allem für ihre Handtaschen verehrt wird, drängt sich die Antwort auf: »Schön und gut, ich habe aber noch nie eine Nonne mit Handtasche gesehen!«

Was beweist, dass die Handtasche ein ausschließlich weltlicher Gegenstand ist und damit nur jenen Frauen vorbehalten, die sich dafür entschieden haben, außerhalb eines Klosters zu leben. Wenn wir also davon ausgehen, dass auch Männer für gewöhnlich keine Handtasche tragen, können wir Handtaschen vom genetischen Blickwinkel aus als eine Art sekundäres Geschlechtsmerkmal betrachten, nicht anders als die Brüste. Und diese sind so sehr Attribut des weiblichen Äußeren, dass Nonnen sie gerne verbergen, bis sie gewissermaßen unsichtbar geworden sind.

Lebenskunst ist die Kunst, das Richtige wegzulassen. Das beginnt beim Reden und endet beim Dekolleté.
Coco Chanel

Im Übrigen: Während die Nicht-Nonnen ihr Dekolleté aus freien Stücken zur Schau stellen, achten sie gewissenhaft darauf, den Inhalt ihrer Handtasche geheim zu halten.

Nicht zufällig haben zwei der großen Marken, Dior und Fendi, in ihren Kollektionen von 2004 und 2005 Modelle kreiert, deren bloße Namen schon nach Heimlichtuerei klingen: die Detective Bag und die Spy Bag. Und nicht nur das. Zur selben Zeit legte Chanel in dem Film *Miss Undercover* Sandra Bullock ein besonders großes Modell der Cambon in die Hände.

Die Handtasche unterwegs in geheimer Mission, im Kampf gegen das Böse in der Welt? Ganz bestimmt. Weil sich Gegensätze jedoch anziehen und schließlich angleichen, kann sie auch ein Element der Grenzüberschreitung verkörpern. Die Verbrecherin nämlich, die Outsiderin, die Subversive, trägt im Film stets eine Handtasche.

Eine Frau kann jederzeit hundert Männer täuschen. Aber nicht eine einzige Frau.
Michèle Morgan

So hat beispielsweise die von Tippi Hedren gespielte Protagonistin in Alfred Hitchcocks 1964 gedrehtem Film *Marnie* eine scheinbar respektable Handtasche bei sich: groß, aus festem Leder, mit zwei kleinen Griffen, passend zur Mode der Zeit. Es ist das korrekte Accessoire der perfekten Sekretärin. Doch die Kameraeinstellungen des Regisseurs sowie die Blicke der Schauspielerin jedes Mal, wenn sie nach ihrer Handtasche greift, wecken Zweifel. Und tatsächlich ist die Handtasche das Werkzeug ihrer Verbrechen. In ihr transportiert sie die Beute ihrer räuberischen Übergriffe auf die Tresore der Firma, in der sie unauffällig, aber konstant Geld veruntreut. Marnie ist Kleptomanin, frigide und die Sklavin finsterer Neurosen – und die Handtasche ist ihr Fetisch. Es ist bezeichnend, dass Hitchcock vergeblich versuchte, die frisch gebackene

Fürstin von Monaco, die kühle Grace Kelly, dazu zu überreden, an den Set zurückzukehren. Ausgerechnet ihr, der passionierten Handtaschenbesitzerin, hatte das französische Haus Hermès 1956 eines seiner berühmtesten Modelle gewidmet: die unsterbliche Kelly Bag.

Kelly – die Handtasche, nicht die arme Grace – konnte man im Jahr 2003 im Kino sehen, und zwar in James Ivorys Film *Eine Affäre in Paris*: Die Amerikanerin Kate Hudson bekommt die Handtasche als Geschenk von einem verheirateten Mann. Und der Franzose (!) ist fest entschlossen, die solcherart Beschenkte zu seiner Geliebten zu machen. Hier »verkörpert« also die Kelly gewissermaßen die Zügellosigkeit.

Ein anderer Film, eine andere Handtasche, eine andere Grenzüberschreitung: 1985 trägt Sandrine Bonnaire, Hauptdarstellerin in *Vogelfrei* von Agnès Varda, eine Satteltasche über der Schulter, eine Art riesigen Brotbeutel aus Stoff. Das ist alles, was sie bei sich hat, Sinnbild eines wagemutigen Vagabundenlebens jenseits der Regeln.

Dann gibt es da noch den Frauentyp – vielleicht das Gegenteil der Nonne –, der das älteste Gewerbe der Welt ausübt. So lautet in Brasilien ein beschönigendes Slangwort für die Tätigkeit der Prostituierten *rodar bolsinha,* »das Täschchen kreisen lassen«. Und tatsächlich sind die Prostituierten, die wir im Film zu sehen bekommen, niemals ohne Handtasche unterwegs. In *Taxi Driver* trägt Jodie Foster eine Umhängetasche aus Stoff im leichten Hippiestil: Sie ist kaum mehr als ein junges Mädchen, das gezwungen ist, sich zu verkaufen, und jenes blumige

Rechteck stellt ihren dünnen Schutzschild dar. Julia Roberts schultert in *Pretty Woman* eine unwahrscheinlich große Tasche: Deren Schulterriemen sind so lang, dass der Beutel fast bis zum Knie reicht. Sobald Vivian Ward alias Julia Roberts jedoch Richard Gere begegnet, der Liebe (und dem rechten Leben), wechselt sie zu maßvolleren Handtaschen, ja sogar zu den kleinen briefumschlagähnlichen Taschen, die man ohne Griff in der Hand trägt, den sogenannten Clutches.

Der Kopf eines Mannes taugt nur dazu, dass eine Frau ihn verdrehen kann.
Angelina Jolie

Die anonyme Autorin Belle de Jour schreibt in ihrem Skandalbuch mit dem Titel *Die intimen Aufzeichnungen eines Londoner Callgirls*: »Die kleinen Handtaschen? Vergessen Sie's! Mögen die Illustrierten für das eine oder andere Modehandtäschchen ruhig die Werbetrommel rühren – wenn ich daran denke, was ich alles mit mir herumschleppen muss: meinen Kugelschreiber, mein Handy, die Kondome, den Knebel aus Leder, die geflochtene Reitpeitsche (...) da ist eine große geräumige Tasche schon angebrachter. All das in eine Baguette von Fendi hineinstopfen zu wollen wäre ein Zaubertrick, der nicht einmal Meister Houdini gelingen würde.«

Wie Handtaschen zu Prominenten werden – Celebrity Bags

Handtaschen sind fabelhafte Werbeträger

Im Jahr 2007 haben die Deutschen mehr Lederhandtaschen als im Vorjahr gekauft. Um genau zu sein: Der Inlandsumsatz der Lederwaren- und Kofferindustrie nahm zweistellig um 10,7 Prozent zu und betrug knapp 107 Millionen Euro. Auch der Export von Lederhandtaschen in andere, vor allem europäische Länder hat zugenommen. Accessoires aus anderen Materialien wie Nylon-Rucksäcke, Basttaschen oder Gürteltaschen sind dabei noch nicht mitgerechnet. Das Geschäft läuft, weil Frauen offensichtlich grundsätzlich Lust haben, sich eine neue Tasche zu kaufen. Doch es läuft auch deshalb, weil Handtaschen selbst fabelhafte Werbeträger sind.

Ein kleines Beispiel aus Italien: Seit 1997 ist dort die Marke Gilli aktiv, die für ziemlich eigenwillige Handtaschen in Kubusform steht. Sie werden in Florenz hergestellt, nach einer Idee der jungen Mailänder Unternehmerin Giulia Ligresti. Noch nie habe ich eine dieser Handtaschen bei den Frauen gesehen, die in der Stadt unterwegs sind und die U-Bahn nehmen müssen. Wenn jedoch Gilli eine Handtasche zu Ehren einer Fußballmannschaft entwirft – so wie sie es für den AC Milan gemacht hat –, dann landet diese Tasche am Arm sämtlicher Spielerfrauen. Als nächstes kommen dann die Fotos in den Illustrierten. Dort wirbt die Tasche für sich selbst, für den Hersteller und für die Frau, die sie trägt.

In dieser Hinsicht haben Handtaschen das T-Shirt abgelöst: Sie sind der perfekte Artikel, um für etwas oder jemanden Werbung zu machen. Mit anderen Worten – und so würde es Paris Hilton ausdrücken –: Die Handtasche ist äußerst »hot«.

Die junge Erbin der gleichnamigen Hotelkette ist seit Jahren auf der ganzen Welt Lieblingsobjekt der Paparazzi. Sie ist berühmt ganz einfach, weil sie berühmt ist. Paris Hilton bezeichnet sich selbst als »brand«, also Marke, und sie hat bereits ein Parfum lanciert und einige Nachtclubs ins Leben gerufen, die ihren Namen tragen. Weitere Projekte sind eine Bademodenlinie, eine Kosmetikserie, eine Modelinie für Hunde und eine für Menschen.

Ob Frauen so intelligent sind wie Männer, weiß ich nicht. Aber so dumm sind sie ganz bestimmt nicht.
Katharina von Medici

In einem Interview wurde Paris einmal gefragt, warum sie noch nicht daran gedacht habe, auch eine Paris Hilton-Handtasche zu lancieren. Paris schaute die Journalistin ernst an und antwortete: »Eine Handtasche ist eine Handtasche. Ich werde eine machen, aber vorher muss ich ein bisschen nachdenken.« Diese Antwort ist der unerwartete Beweis dafür, dass Paris Hilton gar nicht so dumm ist, wie sie aussieht. Sie belegt außerdem, dass Paris in der Lage ist, einen kritischen Blick auf die Vergangenheit zu werfen. Denn tatsächlich hat man herausgefunden, dass sie 2001 bereits einen Versuch gestartet hatte: Ihre Handtasche war jedoch ein totales Fiasko – und das obwohl sie einer Ikone des guten Geschmacks wie Britney Spears seinerzeit gefallen hat.

Ein berühmter Name allein reicht eben nicht aus, um eine wirklich berühmte Handtasche zu kreieren. Doch lassen Sie uns zunächst zwischen zwei Arten von Celebrity Bags unterscheiden: Es gibt jene, die von der berühmten Person selbst entworfen wurden, und jene, die von ihr inspiriert beziehungsweise ihr zu Ehren geschaffen sind, wie die bereits erwähnte Jackie von Gucci, die Jaqueline Kennedy gewidmet ist.

Ein berühmter Name allein reicht nicht aus, um eine wirklich berühmte Handtasche zu kreieren.

Was die ersten Beispiele angeht, bei denen ein berühmter Mensch eine Tasche entwirft – wir reden hier von der Avantgarde der Avantgarde –, so kann man zu ihnen sogar Salvador Dalí hinzurechnen. Der Künstler bemalte im Jahr 1937 für Elsa Schiaparelli eine rote Handtasche in Form eines Telefons. In ihr trafen sich Surrealismus, Provokation und Humor. Und wer weiß – wären die Marketingstrategien damals schon dieselben gewesen wie heute, hätte sich diese Handtasche vielleicht zu einem Massenartikel entwickelt. Stattdessen blieb sie ein eigenartiges Objekt, so wie es sich für Kunstwerke eben gehört. Wie raffiniert waren doch die alten Zeiten!

Doch die Zeiten ändern sich: Heutzutage sind die Promis auch nicht mehr das, was sie mal waren. Und sie müssen sich mit entsprechenden Handtaschen zufriedengeben. Denken wir beispielsweise daran, dass Monica Lewinsky, die Praktikantin, die die Stimmung im Weißen Haus erheblich trübte und eine Krise für das Amt des Präsidenten und die Ehe Bill Clintons verursachte, inzwischen eine eigene Handtaschenlinie entworfen hat.

Obwohl Monica so berühmt war (oder vielleicht gerade deswegen?), waren ihre Handtaschen kein großer Erfolg. Dabei wäre sie, pummelig, wie sie ist, die perfekte Werbeträgerin eines genialen Handtaschen-Slogans gewesen: »You're never too fat for a new handbag«, »Sie sind nie zu dick für eine neue Handtasche.« Den Satz prägte Karen Homer, Autorin von *Things a woman should know about style.*

Vor einigen Jahren hat sich auch Christine Baumgartner – berühmt dafür, die neue Ehefrau des Schauspielers Kevin Costner zu sein – dem Handtaschen-Design gewidmet. Zusammen mit einer Freundin, Tamara Munro, hat sie ein Unternehmen mit dem Namen »Cat Bag Couture« gegründet. »Cat« steht hier nicht für Katze, sondern ist ein Anagramm für »Christine and Tamara«. Die Firma hat sich vor allem darauf spezialisiert, die Laptop-Taschen neu zu erfinden und sie zu einem femininen Artikel umzugestalten.

»Ich bin ein High-Tech-Fan«, erklärte mir Christine. »Ich verreise nie ohne mein Laptop, meinen iPod und meine Digitalkamera. Also wollte ich etwas haben, das meine elektronischen Schätze beherbergt, aber ich wollte nichts in banalem Schwarz.« Von den Köfferchen zu den Handtaschen war es nur ein kleiner Schritt. Heute produziert Christine zwei Kollektionen im Jahr: eine Orgie aus Kunstfell in Schockfarben, mit Blumen bemalte Samttaschen im Vintage-Look und andere extravagante Kreationen. Sie alle können sich eines gewissen Erfolges erfreuen. Christine weiß ihre Berühmtheit einzusetzen, um ihre Handtaschen bekannt zu machen: Für ihre

Hochzeit mit Kevin hatte sie alle Brautjungfern mit einer Cat-Bag-Couture-Handtasche ausgestattet. Und von dort gelangten sie in alle Illustrierten.

Vielfach fotografiert und abgebildet wurde auch eine Handtasche aus dem Hause Trussardi namens La Vie. Der Grund für so viel Aufmerksamkeit liegt jenseits der normalen Pressemeldungen über einen neuen Modeartikel. La Vie ist ein Wortspiel zwischen dem Französischen »la vie«, das Leben, und »Lavì«, dem Diminutiv von »Lavinia«. Gemeint ist Lavinia Borromeo Elkann, die kleine blonde Gräfin, die mit dem Fiat-Erben Jaki Elkann verheiratet ist – was im republikanischen Italien der Vorstellung von einem »Königspaar« (dem natürlichen Lieblings-Sujet der Illustrierten) sehr nahe kommt. Beatrice Trussardi, die Geschäftsführerin des Familienunternehmens Trussardi, hat Lavinia miteinbezogen und sie diese Handtasche gewissermaßen nach ihrem Bilde schaffen lassen – in der Hoffnung, dass die Tasche sich wie die Kelly von Hermès zu einem ewigen Must-have entwickelt.

Ich wünsche viel Glück dabei! Allerdings dürfte einige Zeit vergehen, bis der Erfolg mit dem der Handtaschen-Legenden konkurrieren kann, die im nächsten Kapitel behandelt werden.

Auf dem Weg zur Unsterblichkeit: im Pantheon berühmter Handtaschen und ihrer Besitzerinnen

Falls ich wiedergeboren werden sollte, möchte ich eine von ihnen sein: eine Handtaschen-Frau. Oder aber eine elegante Frau ohne Wenn und Aber, eine Stilikone, der man einen Gegenstand widmet, der sich mit der Zeit zum Kultobjekt wandelt. Ich weiß, das bleibt ein Traum – schließlich gab es in der Geschichte nur wenige solcher Frauen. Dem großen Dirigenten Leonard Bernstein hat man einen Stern verehrt, auf die Namen jener Frauen wurden die Supernovas am Handtaschenhimmel getauft.

Grace Kelly | Die erste von ihnen war Grace Kelly. Und es trug sich folgendermaßen zu: Im Jahre 1892 stellte das Haus Hermès eine Handtasche her. Man bezeichnete sie ganz technisch als *petit sac haut à courroies,* »kleine hohe Handtasche mit Riemen«.

Als frischgebackene Fürstin von Monaco trug Grace Kelly oft diese Tasche. Etwas später häufig auch zu dem Zweck, den kleinen runden Bauch ihrer ersten Schwangerschaft zu kaschieren. Im Jahre 1956, als sie Prinzessin Caroline erwartete, tauften die Leute von Hermès die Handtasche auf den Nachnamen der ehemaligen Schauspielerin: Kelly.

Jackie Kennedy | Einige Jahre später entwarf Gucci eine Handtasche zu Ehren von Jacqueline Kennedy. Das

Modell heißt heute noch Jackie und besteht aus Stoff und Leder, mit einem einzigen Schulterriemen und dem bekannten Karabinerhaken in der Mitte. Um die Wahrheit zu sagen: Die Jackie gab es bereits, bevor sie Jackie gewidmet wurde – als Prototyp in Krokodilsleder. Sie war ein Entwurf für Ingrid Bergmans Garderobe beim Set für den Film ihres Ehemannes Roberto Rossellini *Europa '51*. Und wenn man genau hinschaut, kann man erkennen, dass die Tasche die Linie eines Klassikers von Hermès aufgriff, und zwar der Trim.

Dennoch waren es erst Jackie Kennedys Besuche auf Capri, die die Handtasche zu einem Mythos machten. Und das in einem solchen Ausmaß, dass Gucci sie heute noch produziert und in unendlich vielen Varianten neu designt.

Wenn die Kelly Bag Grace ähnelt – aristokratisch, verbindlich und ein wenig streng –, so gibt die Jackie in einem weniger formellen Kontext stilistisch den Ton an. Sie versteht sich mehr als Begleiterin von modischen Hosen als von Petticoats der Haute Couture. Sie passt eher zu Slippers als zu High Heels. Die Kelly steht für das Maßvolle der 1950er-Jahre. Die Jackie mit ihrer schlanken einfachen Linie behauptet sich in den ungezwungenen Siebzigern.

Lady Diana | Viel später, im Jahr 1995, machte sich das Haus Dior den Zeitgeist sowie die zufällig identischen Initiale zunutze und gab der Lady Dior-Tasche den Namen Lady Diana. Die Prinzessin von Wales war damals die meistfotografierte Frau der Welt, und ihr Vorname begann passenderweise mit einem D. Die mit goldenen Details versehene Handtasche ist herrschaftlich, mittelgroß, und man trägt sie in der Hand. Vielleicht war sie eine Spur zu auffallend und barock für die minimalistischen 1990er-Jahre. Und in der Tat erlebt die Lady Dior bislang einen eher dezenten Erfolg und hat es nicht geschafft, zu einem zeitlosen Mythos aufzusteigen. Auch die italienische Marke Tod's hat Lady Diana eine Handtasche gewidmet: Im Vergleich zur Dior-Tasche handelt es sich jedoch um ein eher schlichtes Modell mit dem Namen D-Bag.

... UND DIE COVERGIRLS | Andere Zeiten, andere Handtaschen-Frauen. Heutzutage sind es nicht mehr die Fürstinnen oder die First Ladys, die stilistisch den Ton angeben, sondern die Covergirls. 2003 erblickte in London die Handtasche Gisèle das Licht der Welt. Sie ist dem brasilianischen Top-Model Gisèle Bündchen gewidmet. Die Gisèle hat ihrer Schöpferin Luella Bartley zu einem gewissen Bekanntheitsgrad verholfen. Die ehemalige Modejournalistin ist gerade dabei, sich in der Welt der Accessoires einen Namen zu machen. Sie ist jetzt schon sehr beliebt bei der jungen Schauspielerin Reese Witherspoon sowie bei Liz Hurley, Model, Produzentin und Society-Star.

Es wird sich zeigen, ob die Gisèle sich zu einer berühmten Handtasche entwickelt. Mir persönlich erscheint es eher unwahrscheinlich, dass Luellas Handtasche (oder La Vie von Trussardi oder irgendeine andere Handtasche der letzten Jahre) die Erfolgsgeschichte der Birkin von Hermès wiederholen könnte. Diese Tasche mit ihrer Aufsehen erregenden Vorgeschichte spielt nämlich eine Hauptrolle in der Welt der Accessoires und der Prominenten. Grund genug, ihr ein eigenes Kapitel zu widmen.

»Jane« oder: eine Ikone namens Birkin

Als ich Jane Birkin interviewte, wusste ich noch nicht, dass ich dieses Buch schreiben würde. Aber vielleicht wurde in eben jenem Augenblick in irgendeiner geheimen Ecke jener großen Tasche, die das Unterbewusste ist, die Idee dazu geboren. Denn die Begegnung mit einer Handtaschen-Frau hat – ähnlich dem Kuss der Spinnenfrau – etwas Magisches und Außergewöhnliches an sich.

Stellen Sie sich nur folgende Szene vor. Ich warte auf die Sängerin in einem Hotel von San Remo. Anlass ist die Verleihung des Tenco-Preises, den sie gewonnen hat. Jane und ihre Birkin erscheinen gemeinsam. Die Birkin Bag hat ein Eigenleben gewonnen und nimmt gewissermaßen an unserem Interview teil. Jane gesteht mir zu, dass ich neugierig bin: Birkins Birkin enthält Gläser voller Vitaminpillen, Hundekekse und den Fressnapf für Bulldogge Dora, außerdem ein Notizbuch, das von losen Zetteln, Terminen und Fotos überquillt. Einen Aufkleber des Mudschaheddin-Führers Ahmed Schah Massud und die Gedichte des Neffen Anno Birkin, Bandleader von Kicks Joy Darkness, der bei einem Autounfall ums Leben kam. Anno war der Sohn von Janes Bruder, dem Regisseur Andrew Birkin, und Jane war ihm sehr verbunden. Während sie redet, verpasst Jane der Handtasche einen wütenden Tritt mit der Sohle ihrer Military Boots: »Ich will sie ein bisschen lädieren – ich mag es nicht, wenn sie zu neu aussieht.«

Je besser ich die Männer kenne, desto lieber mag ich Hunde.
Madame de Staël

Die 1946 geborene Jane Birkin ist eine britische Sängerin und Schauspielerin, die Ende der 1960er-Jahre berühmt wurde durch das orgasmusähnlich ins Mikrofon gehauchte Lied »Je t'aime«, gesungen im Duett mit ihrem Ehemann, dem französischen Chansonnier Serge Gainsbourg.

Birkin ist eine schöne, androgyne Frau, die ihr Leben lang einem einzigen Look treu geblieben ist: Jeans, T-Shirts mit Seemannsstreifen oder weiße Hemden. Jane verfügt über die natürliche Eleganz und Nonchalance von Frauen, die sexy sind, ohne es sein zu wollen.

Als Handtasche trug sie zu jeder Jahreszeit einen geflochtenen Korb, der Rotkäppchen vor der Begegnung mit dem Wolf alle Ehre erwiesen hätte. Bis Jane dann eines Tages statt dem Wolf jemand anderem begegnete. Das war die Geburtsstunde der Birkin Bag.

Dazu erzählte mir Jane Folgendes: »Ich befand mich gerade im Flugzeug mit meinem damaligen Lebensgefährten, dem Regisseur Jacques Doillon. Ich hatte meinen üblichen Korb dabei, und Jacques hatte ihn zerquetscht. ‚Jetzt muss ich mir einen neuen besorgen', sage ich. ‚Kauf dir doch eine Handtasche', erwidert er. Darauf ich: ‚Handtaschen, wie ich sie brauche, gibt es nicht.' Neben uns saß ein Herr, der sich uns vorstellte: Es war Jean-Louis Dumas Hermès. Ich habe ihm erklärt, wie ich mir meine ideale Handtasche wünschen würde. Ein Jahr später erschien sie in den Läden.«

Die Birkin kam 1984 in den Handel und seither nicht mehr aus der Mode. Mehr noch: Sie ist für uns Normalsterbliche ein unerreichbares Objekt. Allein schon die Base-Modelle kosten über 2000 Euro. Und wenn man so eine Tasche haben will, muss man sich auf die Warteliste setzen lassen. Davon erzählt eine Folge von *Sex & The City:* Darin benutzt Samantha, die sich um die Öffentlichkeitsarbeit der Schauspielerin Lucy Liu kümmert, den Namen ihrer berühmten Klientin, um auf der Warteliste der Marke Hermès weiter nach vorne zu rücken. Sie wird erwischt und verliert sowohl ihre Handtasche als auch Lucy Liu.

»Birkin – wie die Handtasche?«

Ich habe Jane Birkin gefragt, ob sie von der Beziehung zum Hause Hermès irgendwie profitiert habe. Scheinbar nicht, sieht man einmal davon ab, das sie ins Pantheon unsterblicher Handtaschen und ihrer Besitzerinnen aufgenommen wurde: »Sie haben mir eine geschenkt, aber ich habe niemals Prozente bekommen, falls Sie das meinen. Nach einiger Zeit war meine erste Birkin voller Aufkleber und stark beschädigt. Sie wollten sie für eine Benefizauktion haben. Dort wurde sie für 20 000 englische Pfund verkauft! Ich hätte nie gedacht, dass diese Tasche ein derart bekannter Gegenstand werden würde, für den die Leute die verrücktesten Sachen machen. In Japan ist mir etwas ganz Komisches passiert. Ich reiste nach Tokio für eine Konzertreihe. Dort kannte mich keiner, und vor allem schafften sie es nicht, meinen Namen auszusprechen. Die Empfangsdame an der Rezeption verstand ihn schließlich und rief aus: »Oh, Bilkin! Wie die Handtasche?« Am Abend auf der Bühne habe ich mein Konzert so begonnen: ‚Hello Tokio! I'm the bag. The bag will sing for you – Ich bin die Handtasche. Die Handtasche wird für euch singen!' Es gab lauten Beifall.«

Gross oder klein: das richtige Mass

London, im Juni 2005, am Tag der traditionellen Parade »Trooping the Colours«: Die britische Königsfamilie grüßt vom Balkon des Buckingham Palace das Volk. Soweit nichts Neues. Mit einer kleinen Ausnahme: Der erlesenen kleinen Gruppe gehört zum ersten Mal auch Camilla Parker-Bowles an. Wenige Monate zuvor hat sie Charles, den Thronfolger mit den großen Ohren, geheiratet.

Schon immer klein: die Handtaschen der Queen

Ihre widerwillige Schwiegermutter Elizabeth II. trägt gewissermaßen in Kniehöhe eine ihrer üblichen quadratischen Kurzgrifftaschen. Der Henkel ist zu kurz, als dass sie die Handtasche umhängen könnte, und um sie in der Hand zu tragen, ist er zu lang. Das wirkt alt und wenig harmonisch. Doch durchaus entschuldbar: Elizabeth ist die Queen, also kann sie machen, was sie für richtig hält. Das schließt mit ein, dass sie sich darauf versteifen darf, überhaupt eine Handtasche zu tragen – obwohl sie gut und gerne darauf verzichten und einen Pagen oder Sekretär mit dem Transport ihrer persönlichen Habe beauftragen könnte. Und wenn wir schon dabei sind: Kann sich jemand vorstellen, was sie in ihrer Tasche aufbewahrt? Ein Brillenputztuch vielleicht? Ein Spezialspray zur Abwehr unbotmäßiger Untertanen? Einen Keks für ihre kleinen Corgis? Ihre geistige Hinterlassenschaft, auf Schmierzetteln notiert? Tatsache ist, dass die Handtaschen der Queen schon immer klein waren. Und das ist offensichtlich ein unterscheidendes Merkmal.

Camilla Parker-Bowles' Handtasche war bei diesem ersten offiziellen Auftritt noch kleiner als die Ihrer Hoheit. Die Gemahlin von Charles hielt in ihren Händen eines dieser rechteckigen, schmalen und ultraflachen Abendtaschen, die auf Englisch *clutch* heißen, abgeleitet vom Verb *to clutch*, »ergreifen, umklammern«. Die Tasche war kaum größer als ein Portemonnaie, voller Bedeutung und Eleganz.

Die meisten Ehemänner sind der Beweis dafür, dass Frauen Humor haben.
Donna Leon

Als späte und – da sie nicht jung und schön ist – ungerecht behandelte Ehefrau, die unpassenderweise immer wieder mit dem »Engel« Lady Di verglichen wird, hat Camilla den Beweis erbracht: Sie weiß die Situation zu beherrschen. Dabei trug auch sie in den Siebzigern Postlertaschen mit langen Schulterriemen. Das beweist ein berühmtes Foto, das auf dem Polofeld aufgenommen wurde zu der Zeit, als sie und Charles nur befreundet waren. Darauf sind die beiden zu sehen, wie sie an einen Baum gelehnt miteinander plaudern. Camilla, ihre riesige Tasche um die Schulter gehängt, lächelt Charles an. Heute würde sie solch eine Tasche nicht mehr tragen. Jetzt, da Camillas gefühlter Rang höher ist und legalisiert wurde, hat das Accessoire Handtasche abgespeckt.

Der Trend zur Verkleinerung war Mitte dieses Jahrzehnts überall zu beobachten. Etwa zu der Zeit, als die britische Königsfamilie die Truppenparade abnahm, meldete ein Artikel in der *Financial Times*, dass man nach der allerletzten Mode statt Handtaschen ganz große Brieftaschen trage: »Früher war die Brieftasche lediglich ein praktischer Gegenstand, dem man nicht allzuviel ästhetische

Aufmerksamkeit schenkte. Heute hat sie eine autonome Würde und kann die Handtasche ersetzen.« Und dies ganz ungeachtet der Tatsache, dass eine Brieftasche von Prada weniger als die Hälfte ihrer großen Schwester kostet.

Zur selben Zeit waren auf den Seiten der französischen Wochenzeitschrift *Elle* Fotos eines noch viel kleineren Artikels zu sehen: des Mini-Case, einer Art »Halstasche«, die die Boutique Louison in Paris für 75 Euro verkaufte. Es handelt sich dabei um eine kleine Büchse für die Schlüssel und vielleicht fürs Mobiltelefon. Zusätzlich befindet sich auf einer Seite ein kleiner Spiegel für den flüchtigen Blick aufs Make-Up. Das Mini-Case wird wie eine lange Kette um den Hals getragen.

Die US-*Vogue* wiederum hat der Wiederkehr der Pulstaschen einen Artikel gewidmet. Sie haben große Ähnlichkeit mit dem Täschchen, das Jean Seberg in Jean-Luc Godards *Außer Atem* trug. Der 1960 gedrehte Film ist nicht nur ein Manifest der kinematografischen Nouvelle Vague, sondern inszeniert auch eine neue, minimalistische und aus diesem Grunde freie Weiblichkeit.

Am amüsantesten ist es, wenn ein Mann sich etwas in den Kopf gesetzt hat, den er gar nicht hat.
Jane Fonda

In einer Folge von *Sex & The City* verkündet Carrie triumphierend ihren Freundinnen, dass ihre Beziehung zum ewig davonlaufenden Mister Big sich weiterentwickelt habe. Sie zeigt ihnen eine klitzekleine Tasche und sagt: »Heute übernachte ich bei ihm und nehme nur das hier mit. Ich konnte nämlich endlich einige meiner Sachen bei ihm deponieren.«

Für mich bleibt die Vorstellung, immer und ausschließlich mit einer kleinen Handtasche auszukommen, ein Traum. Und ich vermute, vielen anderen Frauen geht es ebenso.

Seitdem in den Achtzigern der Filofax – dieser praktische Ringbuch-Terminkalender – entdeckt wurde, ist mein erster Gedanke, wenn ich für eine neue Handtasche »Maß nehme«: Ist sie groß genug für den Filofax? Vom Rest ganz zu schweigen.

Dennoch sollte uns die Tendenz zur Minitasche (in Einklang mit dem Minicomputer, dem Minitelefon, den Mininotebooks) nachdenklich stimmen. Ist es etwas so, dass die Frauen in Erwägung ziehen, sich von der Bürde der zu großen Handtaschen und damit eines allzu vollgestopften und mit Ansprüchen beladenen Lebens zu befreien?

Der Frage ist auf zweifache Weise interessant. Denn es gibt eine neue Männergeneration, die gerade entdeckt, wie nützlich es ist, nicht mit leeren Händen herumzulaufen.

Auch Gott lernte dazu: Man merkt dies an den Verbesserungen bei der Erschaffung der Frau gegenüber der des Mannes.
Zsa Zsa Gabor

Man denke nur an die Repräsentanten der maskulin-frivolen Avantgarde wie beispielsweise diese metrosexuellen Fußballspieler, die sich mit mehr Diamanten behängen als Elizabeth Taylor und ganz ohne Scheu Caprihosen und Flip-Flops tragen. Seit Neuestem haben sie damit begonnen, Umhängetaschen zu tragen – flache Markentaschen, die sich deutlich unterscheiden von den schauderhaften Herrentäschchen, die in den Siebzigern einen kurzen

Augenblick des Ruhms erlebten. Die neuen Taschen für den Mann sind geometrisch streng, aber kokett.

Ich prophezeie: In dem Moment, in dem die Taschen der Männer immer größer und unsere immer kleiner werden, bis beide sich völlig angeglichen haben, wird die Umwälzung der Geschlechterrollen vollendet sein. Und auch wenn der derzeitige Trend zur XXL-Bag diesbezüglich wenig Anlass zur Zuversicht geben mag, gebe ich die Hoffnung nicht auf.

Angesichts einer derart überwältigenden historischen Möglichkeit vertraue ich auf die Intuition eines großen Science-Fiction-Autors. In *Die Stahlhöhlen* beschreibt Isaac Asimov die Zustände in einer entfernten Zukunft folgendermaßen: »Die Handtaschen der Frauen waren mit Sicherheit die einzigen Gegenstände, die im Laufe der Zeit den mechanischen Verbesserungen standgehalten hatten.«

Die Handtasche by night – Verführung pur

Auch heute noch ist der Abend die einzige Gelegenheit, bei der die kleine Handtasche nicht nur geduldet, sondern stets regelrecht erwünscht ist. Bälle, Partys, Diskotheken, Abendessen bei Kerzenlicht sehen weder die Beuteltasche noch die Aktenmappe noch – welch ein Graus! – den Rucksack vor. Es gibt nichts Unästhetischeres als eine elegant gekleidete Frau, die bepackt wie ein tibetischer Sherpa herumläuft.

Die kleine Handtasche – ein Werkzeug der Verführung.

Im Gegensatz dazu ist die kleine Abendtasche ein Werkzeug der Verführung. Im Film *Die Waffen der Frauen* sagt Melanie Griffith: »Ich habe einen Kopf fürs Geschäftliche und einen Körper für die Sünde.« Nicht zufällig tauscht sie abends ihre riesengroße Tasche gegen ein kleines, mit Brillanten besetztes Samttäschchen ein.

In ihrem Buch *The Bombshell manual of Style,* eine Stil-Knigge über die Kunst der Verführung, schreibt die Autorin Laren Stover: »Die Sexbombe trägt abends unbedingt eine Tasche in Elfenbein, Weiß, Schwarz, Hellrot oder in der Farbe ihres Kleides. Ebenso wichtig ist das Innere der Tasche. Die Sexbombe mag Seidenfutter, und sie liebt die Handtäschchen mit Spiegel. Sie mag brillianten- oder perlenbesetzte Schnallen, die allerdings nie so groß sind, dass sie mit ihrem Schmuck in Konkurrenz treten könnten.« Denn, so der Stylist Christian Lacroix: »Die Handtasche für den Abend ist ein Schmuckstück per se.« Und ebenso wie ein glitzernder und klimpernder Armreif ist sie ein vornehmlich frivoler Gegenstand.

Auf Französisch werden die kleinen, harten und schmuckbesetzten Abendtaschen *minaudière* genannt. Diesen Begriff prägte der Juwelier Alfred Van Cleef anlässlich eines Festes. Gemeint war damals das silberne Zigarettenetui, das Florence Gould, Ehefrau eines amerikanischen Milliardärs, als Handtasche für den Abend benutzte. Im Wörterbuch ist nachzulesen, dass *minauderies* etwas mit Affektiertheit zu tun haben – was den Schluss zulässt, dass diese Florence nicht nur etwas exzentrisch, sondern auch nicht sonderlich sympathisch gewesen sein muss.

Ebenso hat der britische Designer John Galliano, der zur Zeit für Dior arbeitet, vermutlich an alle koketten Frauen dieser Welt gedacht, als er 2004 das Modell Dietrich schuf. Die Handtasche ist eine Hommage an die unvergessene Marlene. Außen ist sie schwarz-weiß wie ein Stummfilm und nur von einer feinen Perlenreihe geziert. Innen sieht sie aus wie ein Boudoir – mit Satinfalten und einem Spiegel, der groß genug ist, dass man nicht nur jeweils ein Auge, sondern das gesamte Gesicht einer schnellen Überprüfung unterziehen kann.

Zuviel des Guten kann wunderbar sein. Mae West

Am Abend ist, was Handtaschen anbelangt, alles drin: exquisiter Vintage-Stil, Steine – ob echt oder falsch, interessiert niemanden –, Gold und Silber, metallisierter Strick. Dem »Schmucktäschchen« steht all das zu Gesicht, was sonst übertrieben und im Verhältnis zum restlichen Outfit sogar geschmacklos erscheinen würde.

Auf diesem Gebiet können Sie sich also austoben, vorausgesetzt, Sie haben viel Anlass, abends elegant auszugehen. Wer keinen mondänen Terminkalender à la Liz Hurley hat, zieht es normalerweise vor, eine einzige Abendtasche zu besitzen, die lange hält und »zu allem passt«. Mit anderen Worten: ein klassisches Modell.

Der Klassiker aller Klassiker ist die Chanel 2.55 in abgestepptem Leder und mit goldenen Kettchen. Statt der Lederversion ein Modell aus schwarzem Stoff zu kaufen, könnte sich als Investition im Laufe des gesamten Lebens durchaus amortisieren. Es lohnt sich, darüber nachzudenken, falls Sie Ihren Verstand ausschalten möchten, aber auch, falls Sie sich um das Vergnügen bringen möchten, mit günstigeren Handtaschen zu spielen, die Sie dafür öfter wechseln können. Denn die Chanel bleibt die ewige Handtasche für den Abend. Wie eine Rolex am Handgelenk behauptet sie ihren Platz unabhängig von allen Modeströmungen.

Das ist nicht meine Behauptung. Selbst der Philosoph Roland Barthes hat im Jahre 1973 über den Chanel-Stil geschrieben: »In die Geschichte der französischen Literatur sollte der Name einer neuen klassischen Autorin eingehen: Coco Chanel. (...) Elegant wie Racine, jansenistisch wie Pascal, philosophisch wie La Rochefoucauld, empfindsam wie Madame de Sévigné (...). Chanel hält die Mode fern von jeder Barbarei und verleiht ihr sämtliche

Werte der Klassik: die Vernunft, das Natürliche, die Dauer, die Lust zu gefallen und nicht zu irritieren.«

Es war eine italienische Designerin, die in jüngerer Vergangenheit der Schaffung eines Klassikers in dem von Barthes angesprochenen Sinne sehr nahe gekommen ist. 1997 hat Silvia Venturini Fendi die Baguette aus der Taufe gehoben. Das Base-Modell besteht aus schwarzem Stoff und ist mit einem schmalen Lederriemen für die Schulter und einem metallischen Logo versehen. Minimalistisch, wie sie ist, ist die Baguette die perfekte Handtasche für jeden Abendlook.

Die klassische Handtasche: immer sie selbst und immer auch ein bisschen anders.

Das Modell kann einen fulminanten Erfolg verzeichnen. Allein zwischen 1998 und 2001 wurden 600 000 Exemplare verkauft. Und wir konnten sie bei Stars jeden Alters und Typs von Victoria Beckham bis Sofia Loren bewundern. Die italienische Filmdiva ist eine begierige Sammlerin sämtlicher Varianten, die Fendi geschaffen hat und weiterhin kreiert. Die Baguette gibt es in Seide und in Jeans, in Kroko und in Samt, mit Kristallen, mit Blumen oder mit dem Fendi-Logo bedruckt. Mit anderen Worten: Diese Tasche ist immer sie selbst und immer auch ein bisschen anders. Sie ist die vollkommene Projektion dessen, was Frauen gerne wären.

Rucksack goes Rock'n'Roll

Im Jahre 1913 gründete die Familie Prada ihre Koffer- und Lederwarenherstellung. Verkauft wurde die Ware im Herzen von Mailand unter den Arkaden der Galleria Vittorio Emanuele. Den Geschäftsraum, ein holzgetäfeltes Schmuckstück aus der Zeit der Jahrhundertwende, gibt es heute noch. Dennoch hat sich seit 1978 vieles geändert – dem Jahr, in dem Miuccia Prada ihre Arbeit im Familienunternehmen aufnahm. Heute ist sie Inhaberin der Firma, gemeinsam mit ihrem Ehemann Patrizzio Bertelli.

Der Elvis Presley der Handtaschen

Man kann Miuccias Auftritt in der Welt der Handtaschen mit dem Erscheinen von Elvis Presley im Kosmos der Unterhaltungsmusik vergleichen. Bis dahin waren konservative Luxus-Handtaschen etabliert, ein wenig wie die Lieder Frank Sinatras und anderer Vertreter des gepflegten Crooning-Gesangs. Mit Miuccia Prada, ganz besonders mit ihrer Erfindung des Nylon-Rucksacks, schlug in der Welt der Handtaschen die Stunde des Rock'n'Roll. Nachdem er 1985 erstmals auf dem Markt auftauchte, blieb der Rucksack fast ein ganzes Jahrzehnt lang die meistgebrauchte und nachgemachte Tasche der Welt.

Tatsächlich ist er aus vielerlei Gründen ein wahrhaft revolutionärer Gegenstand. Elvis Presley schuf seine Musik, indem er sich an der Musik der Schwarzen orientierte. Ebenso hat sich die traditionelle Marke Prada zunächst von der nonkonformistischen Mode der Jugendlichen, des Sports und der Straße inspirieren lassen. Der Rucksack ist unisex, ganz besonders dann, wenn er schwarz ist – die Lieblingsfarbe aller Trendsetter aus der Modebranche. Er wird aus Nylon gefertigt, einem leichten und unverwüstlichen Material. Er hat genau dieselbe Form wie der klassische Alpinrucksack, allerdings in Bonsai-Größe. Dass er sich durchgesetzt hat, rief ein, ja sogar zwei neue Konzepte ins Leben: Erstens ist es auch in der Stadt möglich geworden, sich sportlich anzuziehen. Zweitens kann man auch mit einem einfachen Rucksack modern und wohlhabend aussehen – vorausgesetzt natürlich, er trägt das gut sichtbare Logo eines Topdesigners.

Die Handtasche ist tot – es lebe die Handtasche

Der Aufstieg dieser neuen Taschenform war so rasant, dass er als das Ende der traditionellen Handtasche verstanden wurde. In einem englischen Buch von 1988, das heute nicht mehr aufzutreiben ist, *Vogue Modern Style*, schreibt Charlotte Du Cann: »Die Handtasche hat nicht mehr erste Priorität. In Zukunft tragen die Frauen Säckchen, Utility-Bags, Gürteltaschen und Rucksäcke. Auf jeden Fall nicht mehr die traditionelle Tasche für die Hand. Offen gestanden glaube ich, die Handtasche ist tot.«

Die Autorin täuschte sich. Laut einer Umfrage des Marktforschungsunternehmens NPD Group haben die amerikanischen Frauen im Jahre 2004 im Durchschnitt drei neue Handtaschen gekauft. Die Verantwortlichen der Internetseiten, die Mode online verkaufen, Net-à-porter (*www.netaporter.com*) haben erklärt, dass im selben Jahr der Verkauf von Handtaschen um 400 Prozent gestiegen ist.

Und nicht nur das. Rund ums Jahr liefern sich die Luxusunternehmen einen erbitterten Kampf, um *die* Handtasche der Saison zu lancieren. Keiner kann voraussehen, wer am Schluss gewinnt. Es kann ebenso gut das letzte Modell sein, das Marc Jacobs für Louis Vuitton entworfen hat, wie die Schöpfung des jungen Designers einer weniger bekannten Marke.

Letzteres geschah im Frühjahr 2004 mit der Paddington, einer von Phoebe Philo entworfenen Handtasche der Marke Chloé. Ein riesiges Vorhängeschloss macht diese Tasche aus weichem Leder unverwechselbar. Die 1200 Dollar, die sie kostet, haben keine der Frauen, die sie sich leisten können, davon abgehalten, sich auf die Warteliste setzen zu lassen, um an eine Paddington zu kommen. So ist sie eben, die Lust auf Handtaschen: der pure Wahnsinn, bar jeder Vernunft.

Ich habe keine Ahnung, wie die Modehäuser es anstellen, diesen Wahnsinn hervorzurufen. Das wissen nicht einmal die Verantwortlichen der Unternehmen selbst. So erklärte der aktuelle Kreativchef von Burberry, Christopher Bailey: »Es wäre zu schön, wenn man sich an den Tisch setzen und die Handtasche des Jahres erfinden könnte. Jedenfalls macht das tatsächliche Designen nicht mehr als zehn Prozent aus. Den Rest erledigen das Marketing, die Veröffentlichungen in Illustrierten, die Beziehungen zu den Prominenten. Vor allem aber die gewissermaßen magische Fähigkeit, die Stimmung des Augenblicks zu erfassen.«

Insofern war der Rucksack von 1985 ein sehr typisches, aber auch beeindruckend langlebiges Beispiel. Er passte zum Zeitgeist, weil er mehrere Schlüsselqualifikationen gleichzeitig aufwies: Unisex, High-Tech, Marken-Fixiertheit, Sport, Utility und einiges mehr.

Strategiewechsel bei Prada

Eigenartigerweise schlug Prada danach einen völlig anderen Weg ein als die Konkurrenz. Die Mailänder Stylistin neigt heute dazu, nicht mehr auf das einzige wahre und unabdingbare Modell der Saison zu setzen, sondern auf ihre gesamte Kollektion. Ihre Accessoires – das gilt auch für die Schuhe – sind immer an ein Modethema gebunden. Dieses wird jedoch in vielfältigen Variationen durchdekliniert.

So hat Prada beispielsweise für den Herbst/Winter 2004/2005 unter anderem Handtaschen aus glänzendem steifem Leder mit einem hermetischen Metallverschluss vorgeschlagen: Sie sahen aus, als hätte man sie im Kleiderschrank der Großmutter gefunden. Das war alles andere als futuristisch: Es war reine, gewissermaßen längst vergangene Klassik ohne irgendwelche Mätzchen.

In der Musik erlebt unterdessen der Crooning-Gesang à la Sinatra ein Revival auf den Bühnen dieser Welt, beispielsweise mit dem Kanadier Michael Bublé oder dem Deutschen Roger Cicero. Und Miuccia Prada hat den Rock'n'Roll, wie es scheint, erst einmal abgelegt.

Über den Korbrand hinaus

Die Schlüsselszene in einem meiner Lieblingsromane, *Kleine Abschiede* von Anne Tyler, hat als Co-Protagonistin eine Strandtasche. Die 40-jährige Hausfrau Delia Grinstead geht an einem Strand in Delaware spazieren. Sie trägt nichts außer ihrem Badeanzug. Bei sich hat sie noch ihre Handtasche und 500 Dollar. Scheinbar grundlos verschwindet Delia aus dem Blickfeld der anderen Menschen am Strand und aus dem Leben ihres Mannes und ihrer drei Söhne. Ein wenig wie die Figur der Licia Maglietta in Silvio Soldinis Film *Brot und Tulpen* erfindet sie sich ein neues Leben an einem anderen Ort, ausgehend von den wenigen Habseligkeiten, die sie im Augenblick der Flucht bei sich hat.

Mit der Ehe tauscht die Frau die Aufmerksamkeit vieler Männer gegen die Unaufmerksamkeit eines einzelnen.
Maria Theresia

Die Handtasche der Delia Grinstead ist eine Tasche aus geflochtenem Bast, das Modell für die Hundstage schlechthin.

Im italienischen Badeort Forte dei Marmi sieht man ab Juni ältere Damen, die ihre Korbtasche in einem anderen Korb stecken haben: demjenigen ihres Fahrrads. Dasselbe gilt für Mailand und Rom, selbst wenn eine Frau, die sich mit einer Korbtasche durch die Stadt bewegt, ziemlich nachlässig wirkt – so zumindest behauptet eine meiner Freundinnen.

Eine weitab vom Strand getragene Korbtasche ist das sommerliche Gegenstück zum kunstvoll um den Hals drapierten Pashminaschal. Er ist das unterscheidende Merkmal der radikal-schicken bourgeoisen Südländerin: Ihr sommerliches Doppelleben zwischen Stadtwohnung und Wochenend- bzw. Ferienhaus nimmt sie dermaßen in Anspruch, dass sie es einfach nicht mehr schafft, zwischendurch ihre Taschen zu wechseln.

Es gibt verschiedene Korbtypen. Das Kinderkörbchen, in dem Kleinkinder ihre Habseligkeiten mit sich tragen; den witzigen Korb, den man zum Picknicken mitnimmt; den exotischen Korb als beliebtes Urlaubsmitbringsel.

Der Korb ist ein Gegenstand mit langer Geschichte und bäuerlichen Ursprüngen, daher äußerst symbolträchtig. Dies beweist die biblische Ikonographie, die den neugeborenen Moses im Weidenkorb auf dem Nil zeigt, aber auch so manche Redensart. So sagt man beispielsweise im veronesischen Dialekt von jemandem, der verrückt geworden ist, er sei »mato come'n sesto«, »verrückt wie ein Korb«. Diese Redewendung ist die verkürzte Version von »mato come'n sesto róto«, »verrückt wie ein kaputter Korb«, ein löchriger Korb also, aus dem das Korn beziehungsweise der gesunde Menschenverstand herausrieselt.

Wer im Deutschen »einen Korb bekommt«, ist mit einem Annäherungsversuch gescheitert, während der »Hahn im Korb« als einziger Mann unter lauter Frauen in einer Erfolg versprechenderen Ausgangslage ist.

Wenn die kalifornische Großmutter meiner Freundin Nicole wiederum klarstellen wollte, dass etwas schlecht gelaufen war, sagte sie: »Gone to hell in a hand basket«, »in einem Korb zur Hölle gefahren« – immerhin gut verpackt in die Mutter aller Handtaschen.

Der Sommer ist jedoch nicht nur die Hochsaison der Körbe und Korbtaschen. Vielmehr steht das Konzept der Handtasche schlechthin zur Disposition, denn diese muss gewechselt werden. In der warmen Jahreszeit bricht regelmäßig eine Art schräges Handtaschen-Fieber aus. Plötzlich nehmen sich die Frauen Freiheiten heraus und tragen alle beliebigen Formen, Materialien und Farben.

Vor einigen Jahren gab es den Boom der Jelly Bags. Ihre Form entsprach der Birkin von Hermès, allerdings waren sie aus durchsichtigem Kautschuk und in Fruchtgummifarben: pfefferminzgrün, zitronengelb, kirschrot. 2005 dagegen konnten in den Straßen von New York Taschen aus glänzend metallisiertem Material in Neongrün, Orange, Gold und Silber bestaunt werden. Augenblicklich wurden sie fester Bestandteil der Großstadtuniform.

Sommer – ideal, um einzigartige Taschenobjekte aus dem Hut zu zaubern.

Kriegen Sie beim Gedanken an Uniformität Hautausschlag? Dann denken Sie einfach daran: Der Sommer ist die ideale Jahreszeit, um einzigartige Taschenobjekte aus dem Hut zu zaubern. Sie können aus extravaganten Materialien oder aus Recyclingstoffen gefertigt sein. Ja, sie können sogar aus der Dritten Welt stammen, womit Sie dann zusätzlich in der »Eine Welt«-Liga mitspielen. Auf brasilianischen Märkten für Kunsthandwerk findet man Handtaschen, die aus den Metalllaschen von Getränkedosen gefertigt sind. Sie scheinen direkt aus den Sechzigern zu kommen, dem »Weltraum«-Look von Courrèges nachempfunden. Andere Handtaschen kommen aus Afrika: Sie bestehen aus Resten von Abfallsäcken, die man wie Seidenvolants verarbeitet hat.

Auch Silvia Clini hat sich für Kunststoff – oder besser: für PVC – als Material für ihre Handtaschen entschieden. Sie ist Werbekreativleiterin in der Emilia-Romagna und produziert seit fünf Jahren Handtaschen. Ihre Kollektionen – zu sehen unter *www.clini.it* – entstanden als eine Hommage an die Pop-Art: Diese Handtaschen-Manifeste bildeten Lebensmittelwerbung ab, vom Tunfisch bis hin zur Pasta. Dann folgten Handtaschen mit alten Familienfotos darauf. Heute haben Silvias immer vielfältigere Schöpfungen verschiedene Themen gleichzeitig. Auch wenn ihre Handtaschenkollektionen quasi industriell produziert werden – immerhin liefert sie bis nach Japan –, hat die Designerin einer Modewelle Form gegeben, die aus dem Bedürfnis nach einem eigenen, individuellen Ausdruck heraus entstanden ist.

Bloß keine Gleichförmigkeit!

Auch die Mailänderin Roberta Balsamo lehnt sich gegen die herrschende Gleichförmigkeit auf: Sie kreiert einmalige, nicht wiederholbare Handtaschen, richtiggehende tragbare Skulpturen. Alles begann mit einem Zufall: Als Roberta eines Tages zu einer Sommerparty eingeladen wurde, stellte sie fest, dass sie all ihre Markenhandtaschen schrecklich langweilig fand. Also nahm sie einen Stoff, den sie in Indien gekauft hatte, und ließ daraus eine Beuteltasche mit steifem Messinggriff in Giraffenform herstellen. Die Tasche gefiel ihren Freundinnen, und

Roberta machte weiter mit anderen Stoffen und anderen ungewöhnlichen Griffen. Ihre Handtaschen kosten ab 500 Euro aufwärts. Die pure Mundpropaganda hat dazu geführt, dass die Taschen inzwischen nicht mehr nur in Italien auf Interesse stoßen. So besitzt beispielsweise Caroline von Monaco eine von Balsamos Handtaschen.
Auch die Bühnenbildnerin Lea Tunesi hat sich von der Lust auf ungewöhnliche Handtaschen anstecken lassen. Schon seit einiger Zeit sammelt sie Vintage-Stoffe und ist heute Eigentümerin eines kleinen Unternehmens mit dem Namen Sghembo Bag (*www.sghembobag.com*). Ihre Stoff-Handtaschen haben völlig unterschiedliche Formen und Griffe. Sie können groß sein oder Mini-Armbänder fürs Handgelenk. Sie tragen Frauennamen wie Livia oder Clarissa und sind bereits überaus »in« – ein unverzichtbares Bonbon für jede Frau, die es verabscheut, mit einer Tasche herumzulaufen, die auch andere haben und die man überall erstehen kann.

Schon Andy Warhol hatte die Idee, dass die Handtasche eine Alternative zur Leinwand des Malers sein kann. In den letzten Jahren haben sich auch einige Italiener an der Neuschöpfung dieses so flexiblen Accessoires versucht. So hat beispielsweise Franco Giordano eine Handtaschenkollektion aus Webstoff entworfen. Auf seinen Taschen sind in Siebdrucktechnik Teile sämtlicher Gemälde abgebildet, die er in zehn Jahren Arbeit geschaffen hat. Das ist Kunst (oder Kunsthandwerk) zum Mitnehmen. Jedenfalls etwas, das nicht einmal die geschicktesten chinesischen »Kopierer« ohne weiteres klonen könnten.

Was weisse Handtaschen mit dem Treibhauseffekt zu tun haben

Eine Grundregel der Eleganz besagt, dass man außerhalb der Sommermonate nichts Weißes tragen sollte – es sei denn, versteht sich, man ist die Braut. In den USA ist die Zeit, in der man Weiß tragen darf, genau festgelegt und erstreckt sich von Memorial Day Ende Mai bis zum Labor Day Anfang September.

Weiß war mal saisonabhängig.

Dem Brauch liegt der gesunde Menschenverstand zugrunde. Da nämlich die Farbe Weiß Lichtstrahlen reflektiert, die dann auf der Haut nicht mehr in Wärme umgewandelt werden können, eignet sie sich besser für die warmen als für die kalten Monate des Jahres.

Doch geht es nicht nur darum. Valerie Steele, Leiterin des Fashion Institute of Technology in New York, behauptet: »Sowohl Ende des 19. Jahrhunderts als auch in den 1950er-Jahren war die amerikanische Gesellschaft großen Veränderungen unterworfen. Die Middle-Class wurde größer. Und diejenigen, die immer schon dieser Klasse angehörten, hatten das Bedürfnis, den Emporkömmlingen einige Regeln des Zusammenlebens zu vermitteln.« Eine dieser Spielregeln war die Sache mit dem saisonabhängigen Weiß.

Heute sehen die Dinge völlig anders aus. Die Klassengrenzen sind nicht mehr so deutlich. Und auch die Regeln

Klassengrenzen verschwimmen – die Regeln der Mode auch.

der Mode nicht. Ständig werden die Karten neu gemischt, sodass Winterkollektionen plötzlich strahlendweiße Kaschmir-Mäntel vorschlagen, Cordhosen in Eisfarben sowie jungfräulich weiße Stiefel und Schuhe. Die Stylisten wollen uns glauben lassen, dass das im Alltagsgrau der winterlichen Großstadt aufblitzende Weiß ein absoluter Luxus sei. Und wer eine schneeweiße Handtasche trägt, sagt damit aller Welt: »Ich kann es mir erlauben, mit einem ganz empfindlichen Gegenstand herumzulaufen!«

Und dann gibt es noch den Treibhauseffekt. Die weltweite Klimaerwärmung lässt die Grenzen zwischen den Jahreszeiten verschwimmen, vor allem verkürzt sie die kalten. Falls Sie also der verrückte Wunsch überkommen sollte, eine weiße Handtasche zu besitzen, geben Sie ihm ruhig nach. Sie könnte eine gute Investition für die warmen Jahre sein, die auf uns zukommen.

Wenn Ihre weiße Handtasche schmutzig wird – und das wird sie garantiert! –, sollten Sie sie nicht einfach mit farblosem Schuhputzmittel reinigen. Nehmen Sie lieber einen Lappen, den Sie mit einem Reinigungsmittel auf der Basis von Marseille-Seife (Savon de Marseille) leicht angefeuchtet haben; oder, wie eine andere Methode besagt, mit Reinigungsmilch für das Gesicht. Die Tasche wird wieder wie neu. Probieren Sie's aus und Sie werden sehen!

Noch wichtiger ist es, die weiße Tasche von Ihren Kindern fernzuhalten, ganz besonders dann, wenn diese gerade die Vorzüge von Faserschreibern entdeckt haben. Sie können allerdings auch einen neuen Trend lancieren. Eine

Kinder und Handtaschen – eine besondere Beziehung.

meiner Freundinnen trug einmal eine weiße Handtasche, die voller eigenartiger Zeichnungen war. Ich dachte gleich, das sei ein neues Modell, das mir bis dahin entgangen sein musste und gratulierte ihr zu ihrer Errungenschaft. Die Zeichnungen stellten sich jedoch als Ergebnis einer künstlerischen Performance ihres Sohnes heraus. Die Handtasche ist wunderschön, ein einzigartiges Stück, auf das meine Freundin zu Recht stolz ist.

Revolution auf Rollen: der Trolley

Jack Worthing, die Hauptfigur in Oscar Wildes *Bunbury oder Ernst sein ist wichtig* (1895), ist ein Findelkind. Er wurde ausgerechnet in der Gepäckaufbewahrung der Victoria Station gefunden, »in einer ziemlich geräumigen schwarzen Ledertasche mit Griffen«.

Die Männer sind nicht immer, was sie scheinen. Allerdings selten etwas Besonderes.
Queen Victoria

Als Jack die Wahrheit über seine Herkunft offenbart, ruft Lady Bracknell aus: »In einer Reisetasche? (…) Seine Geburt oder zumindest seine früheste Kindheit in einer Reisetasche zu erleben, ob nun mit Handgriff oder ohne, das zeugt für meinen Geschmack von einer Missachtung der im Familienleben üblichen Anstandsbegriffe und gemahnt an Grenzüberschreitungen, wie sie seit den übelsten Entgleisungen der Französischen Revolution nicht wieder vorgekommen sind. Und ich darf wohl voraussetzen, dass Sie wissen, wohin jene unglückselige Bewegung geführt hat. Was nun diese gewisse Örtlichkeit angeht, in der die Reisetasche gefunden wurde, ist die Gepäckaufbewahrung in einem Bahnhof geradezu wie gemacht, um die Spuren eines gewissen Fehltritts zu verwischen. (…) Weniger geeignet scheint mir jedoch diese Herkunft als gesicherte Grundlage einer angesehenen Stellung innerhalb der besseren Gesellschaft.«

Lady Bracknell, eine wahre Aristokratin, hat eine ganze Menge verstanden. Der Massentourismus, die Demokratie des Reisens, die Möglichkeit, die jedermann hat, von da nach dort zu ziehen, die persönlichen Dinge stets in einer mehr oder weniger großen Tasche bei sich – all das war gleichsam zum Todesstoß vieler Privilegien ihrer Klasse geworden.

Modernes Nomadentum

In dem menschlichen Ameisenhaufen auf einem Flughafen unserer Tage würde Lady Bracknell den schlimmsten ihrer Alpträume verwirklicht sehen: Eine Gesellschaft ohne jeden Fixpunkt, zurückgeworfen auf das Nomadentum der Anfänge. Eine Barbarei, von der Herodot bereits im 5. Jahrhundert vor Christus spricht.

Aber es gibt solche und solche Nomaden. Die Mobilitätskultur der antiken Wanderer beruhte darauf, dass sie nichts sammelten und einen ausgeprägten Sinn für das unbedingt Notwendige hatten. Mit anderen Worten: Sie entsprang einer vornehmlich vorkapitalistischen Mentalität. Heute ist das Reisen ein Luxus unter anderen und besitzt in etwa den Wert eines Schmuckstücks, eines Gemäldes oder eines namhaften Porzellanservices. Nicht von ungefähr ist bei jungen Brautpaaren ein neuer Brauch in Mode gekommen: Als Hochzeitsgeschenk legen ihre Freunde und Verwandten Geld zusammen. Damit gönnen sich die Frischvermählten eine möglichst weite und exotische Reise.

Das Heer von Trolley-Koffern, die sich auf direktem Weg zu den Malediven befinden, gibt zu einigen Überlegungen Anlass. Widmen wir uns zuerst dem Wort *trolley*. Der seit einigen Jahren in Italien vorliegende Gesetzentwurf 993 hat für so manche kontroverse Diskussion gesorgt. Dieser Entwurf fordert die Bildung einer höheren

Sprachkommission, die die »Reinheit« der italienischen Sprache vor dem Eindringen fremder Begriffe schützen soll. Darunter befindet sich auch das Wort *trolley*, das die Akademiker gerne als »rullovaligia«, »Rollkoffer«, übersetzt sehen wollten. (Nur damit wir uns verstehen: Es handelt sich hier um dieselben Träger alter Zöpfe, die auch das Wort *chat-line* in »chiacchiera«, »Schwatz«, übersetzen möchten.)

Wenn Männer nur dann redeten, wenn sie etwas zu sagen haben, würden sie den Gebrauch der Sprache verlieren.
Lore Lorentz

Egal! Nennen Sie die Koffer auf Rollen, wie immer Sie möchten. Die Trolleys bleiben eine Wirklichkeit, die das Konzept des Gepäcks grundlegend verändert hat. Nicht einmal die neuen Emigranten tragen noch die tristen, von der Zeit verschlissenen Papp- oder Lederkoffer. Stellen Sie sich auf einem Flughafen neben ein Rollband: Sie werden nichts anderes zu sehen bekommen als funkelnagelneue Trolley-Koffer. Sie sind aus Hartplastik oder aus widerstandsfähigem Gewebe, senk- oder waagerecht, in Form eines Rucksacks oder eines riesigen Eies. Sie tragen die Markenzeichen der soliden Triade Vuitton-Prada-Gucci oder des Marktführers Samsonite – oder aber sie stammen von einem günstigen anonymen Imitator.

Der letzte Schrei unter Trolley-Besitzern stammt aus dem Hause Tumi, einem 1975 in den USA entstandenen Unternehmen. Sein Gründer ist Charlie Clifford, ein ehemaliger Volontär des Friedenskorps in Südamerika. Die Marke verdankt ihren Namen einem Kultmesser, das den Inkas bei ihren Opferritualen diente. Im oberen Teil ist eine Gottheit zu sehen, im unteren eine ganz scharfe

Klinge abgebildet. Heute noch glaubt man in Peru, dass ein an die Wand gehängtes *tumi* Glück bringt. Wer hingegen mit einer Tumi reist, vertraut auf ein technologisch hoch entwickeltes Produkt aus sehr leichtem und gleichzeitig strapazierfähigem Material, das auf die Ansprüche der modernen Nomaden vollkommen abgestimmt ist. Eine Tumi kostet um einiges mehr als eine entsprechende Samsonite.

Schon Phileas Fogg hätte ein Trolley gefallen.

Schon Phileas Fogg hätte Gefallen an der Tumi gefunden. Die Hauptfigur in Jules Vernes Roman *In achtzig Tagen um die Welt* ist nämlich ein Vorreiter des Konzepts vom »leichten Reisen«. Bei seinem Unternehmen führt er eine »Tasche für die Nacht« mit sich – eine Wochenendtasche, würden wir heute sagen –, die nichts weiter als zwei Wollhemden und drei Paar Socken enthält! Phileas war ein Revolutionär, bedenkt man, dass zu seiner Zeit die Herren auf den Überseedampfern mit riesigem Gepäck reisten: mit den großen, senkrecht stehenden *steamer bags* (vom Englischen *steamer,* »Dampfer«). Die Damen ihrerseits verreisten niemals ohne ihre Hutschachteln und Schminkkoffer.

Heutzutage ist das Kosmetikköfferchen ein aussterbendes Accessoire. Auch die Frauen ziehen die Kompaktheit des Trolley vor, müssen sie doch bereits die Umhängetasche mit dem Laptop tragen. Die Männer tragen zusätzlich zum rollenden Koffer höchstens noch eine Garment Bag, diesen ultraplatten Kleidersack, damit der zweite Anzug nicht verknittert.

Was das Handgepäck angeht, so scheint es inzwischen selbstverständlich – so etwas wie eine Art »Genfer Konvention« für Koffer –, dass alle Hersteller den unverzichtbaren Kabinen-Trolley in Standardgröße herstellen, damit er in jedes Flugzeug passt. Das ist Indiz einer Epoche, in der die Flugreisen immer häufiger, gleichzeitig aber auch immer kürzer werden. Also erfordern sie kleines Gepäck, mithin den Willen zur Beschränkung.

Auf diese Weise verschwindet vom Horizont der vergilbten Erinnerungen das Bild des José Luis Villalonga, eines exzentrischen spanischen Adligen, Schriftstellers und Hobby-Schauspielers, der auch in *Frühstück bei Tiffany* mitspielt. Er wurde in den Sechzigern dadurch berühmt, dass er Koffer in Form und Länge seiner Hosen anfertigen ließ, um diese nicht falten zu müssen.

Für uns Heutige – und wir können uns ruhig als Generation des »Nie-wieder-ohne-Rollen« definieren – erweisen sich die weisen Worte des Philosophen Seneca (5 v. Chr. – 65 n. Chr.) als wertvoll, der in einem seiner *Briefe an Lucilius* schrieb: »Reise mit nichts anderem als dem, was unser Körper zu tragen fähig ist.«

Welche Handtasche zu welcher Kleidung – das ist die Frage

Früher war alles ganz einfach. Die echte Dame ließ sich ihre Schuhe und Handtaschen in derselben Farbe passend zur Kleidung anfertigen. Oft war beides sogar aus demselben Material oder Gewebe. Seit mindestens 30 Jahren jedoch hat die Mode die Karten neu gemischt und wir brauchen einen sechsten Sinn, um die passenden Accessoires zu erwischen und sie gekonnt untereinander zu mischen. Denn auch heute ist nicht alles erlaubt. Sie können beispielsweise ein wunderbares Kleid tragen – wenn Sie allerdings die falschen Accessoires dazu ausgesucht haben, haben Sie es vermasselt. Umgekehrt können Handtaschen – und Schuhe –, wenn sie richtig gewählt sind, selbst ein Paar hundsgewöhnlicher Jeans elegant erscheinen lassen. Das ist ganz im Sinne des Modetrends »cheap & chic«, der unterm Strich bedeutet: Kaufen Sie Ihre Kleidung bei Zara oder H & M für wenig Geld und kombinieren Sie sie mit prestigeträchtigen Schuhen und Handtaschen.

Eine Frau, die glücklich ist, braucht nicht auch noch ihren Mann glücklich zu machen.
Liselotte von der Pfalz

Es gilt also nach wie vor: Kleidung und Accessoires müssen aufeinander abgestimmt werden. Jedoch nach Kriterien, die, vornehm ausgedrückt, als Parameter des modernen Stils bezeichnet werden können.

Hier sind zehn Regeln, die Ihnen dabei helfen, die richtige Wahl zu treffen und Fehlgriffe beim Zusammenstellen Ihrer Garderobe zu vermeiden:

1. Bevor Sie eine Handtasche aussuchen, überlegen Sie, was Sie anhaben. Stellen Sie sich vor, Sie sind Kostümbildnerin in einem Film. Was soll Ihre Filmfigur heute anziehen? Ein seriöses Kostüm und eine Kuriertasche? Besser nicht. Auch Ihre Handtasche sollte Professionalität ausstrahlen. Eher informelle Kleidung und eine teure Markentasche? Das passt perfekt. Caprihose, buntes Muskelshirt, Flip-Flops und dazu eine Kurzgrifftasche aus schwarzem Leder? Welch ein Grauen!
2. Denken Sie mit den Füßen. Nein, ehrlich: Schauen Sie sich Ihre Schuhe an. Sind sie farbig und wirken für sich genommen schon lebendig, suchen Sie nicht wie verrückt nach der Handtasche in demselben Rotton. Bleiben Sie neutral und stimmen Sie Ihre Handtasche auf die übrige Kleidung ab. Überlassen Sie also die Hauptrolle Ihren Schuhen. Wenn hingegen das Duo Kleidung & Schuhe dezent ist, können Sie sich richtig austoben mit bedruckten Handtaschen mit Blumen, Tupfen etc. Nur damit wir uns verstehen: Eine Umhängetasche im Schotten-Look, getragen zu einem Schottenrock, ist selbst dann unzulässig, wenn sie dasselbe Muster haben sollten – noch nicht einmal, wenn Sie mit Sean Connery verwandt und Teil seines Highlands-Clans wären.

Bitte nicht: Schottenrock und Karo-Tasche

3. Jede Jahreszeit hat ihre Handtaschen. Geflochtene Korbtaschen trägt man im Sommer, die großen Umhängetaschen aus braunem Leder von Herbst bis Frühlingsanfang. Es gibt nichts Unpassenderes als eine Frau in Ba-

deanzug und Pareo mit Krokohandtasche – ob echt oder unecht, spielt da gar keine Rolle mehr.

4. Hüten Sie sich vor dem Victoria-Beckham-Syndrom: Vermeiden Sie eine Überdosis aufeinander abgestimmter Markenartikel, deren Logo wie eine Leuchtreklame strahlt. Noch wichtiger: Kleiden Sie sich niemals von Kopf bis Fuß – Hut, Handtasche, T-Shirt, Schuhe und Brille – mit Artikeln ein und derselben Marke. Dabei spielt es keine Rolle ob es sich um Produkte von Dior, Prada oder aus einem anderen bekannten Haus handelt. Der »Total-Look« ist nur dann zulässig, wenn Sie gerade einen millionenschweren Werbevertrag mit dem entsprechenden Unternehmen abgeschlossen haben. In diesem Fall sollten Sie Ihren Super-Logo-Extra-Luxus ruhig zur Schau stellen.

Das Victoria-Beckham-Syndrom

5. Sehen Sie bitte in den Spiegel! Nicht nur, um sich selbst zu bewundern, sondern um zu sehen, wie gut Sie, Ihre Kleidung und Ihre Tasche miteinander harmonieren. Ein Beispiel: Die Umhängetasche sollte nicht länger sein als der Minirock. Eine mikroskopisch kleine Handtasche, auf der Schulter getragen, betont einen großzügig gebauten Oberkörper. Vorsicht bei Rucksäcken: Sie verändern den Gang und lassen Sie den Po weiter herausdrücken als sonst. Wenn das nicht in Ihrem Interesse ist, wählen Sie eine Tasche aus, die Sie in der Hand tragen: Die trägt man ganz von selbst in natürlichem Abstand zum Körper, was die Blicke von den Problemzonen ablenkt. Für die ganz Schlanken unter uns mit wenig Busen sind die quer über die Brust getragenen Umhängetaschen optimal geeignet: Sie unterstreichen das Wenige, das vorhanden ist.

Wie Handtaschen uns schöner machen.

6. Haben Sie Probleme mit Ihrem Rücken und der Halswirbelsäule? Dann sollte Ihr Motto lauten: »Bevor ich zusammenbreche, trage ich lieber Rucksack.« Mit anderen Worten: Es empfiehlt sich, das Gewicht auf beide Schultern zu verteilen, es sei denn, Sie haben richtig schwer zu tragen. In diesem Fall ist es nämlich besser, selbst eine Bauletto-Tasche abwechselnd mal in der einen, mal in der anderen Hand zu tragen.

Wer nicht mit sich zufrieden ist, hat meistens Recht.
Coco Chanel

7. Mit einer Beuteltasche ist mehr als mit jedem anderen Modell Unordnung vorprogrammiert – das gilt noch für die kleinsten Modelle. Wenn Sie keinesfalls darauf verzichten möchten, ordnen Sie den Inhalt Ihrer Tasche mit Hilfe kleiner Döschen, am besten in unterschiedlichen Farben: eines für die Busfahrscheine, das andere für Visitenkarten von Restaurants, Essensmarken für die Kantine usw. Ansonsten werden Sie die meiste Zeit damit verbringen, mit Arm und Nase nach den Dingen zu tauchen, die Sie niemals finden. Sich mit solchen Marginalien herumzuärgern ist nicht schick und drückt unnötige Sorgenfalten ins Gesicht.
8. Kleine Abendtaschen und Clutches lenken alle Aufmerksamkeit auf Ihre Hände. Falls Sie auf Ihren Fingernägeln kauen, sollten Sie sie besser gleich vergessen.
9. Wenn Sie sich eine »wichtige« Handtasche zum langfristigen Gebrauch anschaffen, behalten Sie Ihre täglichen Gewohnheiten im Auge. Falls Sie beispielsweise täglich pendeln müssen, verschwenden Sie nicht Ihr Geld auf zu kleine Handtaschen. Machen Sie den Buchtest: Wenn in die Handtasche ein schöner Band zum Lesen im Zug passt, haben Sie die richtige Größe erwischt. Wenn nicht, gehen Sie zu einem geräumigeren Modell über. Falls Sie

sich vor allem mit dem Auto fortbewegen, können Sie sich Handtaschen ohne diebstahlsicheren Verschluss leisten. Verbringen Sie hingegen die Hälfte des Tages in Straßenbahn und Metro, denken Sie daran, Ihre Siebensachen zu schützen.

10. Und in Verbindung damit: Machen Sie einen Sicherheits-Check, bevor Sie aus dem Haus gehen. Das heißt, schauen Sie nach, ob die wertvollsten Gegenstände in Ihrer Handtasche nicht allzu sichtbar sind. Machen Sie Gebrauch von Innentaschen, Reißverschlüssen und Lederriemen mit Karabinerhaken, die bei einigen Modellen sogar zur Standardausrüstung gehören. Wenn Sie in der Großstadt leben, können Sie sich grundsätzlich eine Guardian-Angel-Tasche zulegen. Sie ist eine Erfindung der niederländischen Stylisten Hein van Dam und Caroline Vlieger. Die Handtasche entstand aus dem Bedürfnis vieler Frauen in Rotterdam heraus, sich vor der wachsenden Anzahl von Diebstählen und Übergriffen zu schützen. Die »Schutzengel«-Tasche lässt, virtuell, aber in 3D, die Konturen eines Revolvers oder eines Messers durchscheinen. Es gibt sogar ein Modell mit Kruzifix – vielleicht zur Abschreckung von Dieben, die einer satanistischen Sekte angehören? Übrigens gibt es auch Laptop-Taschen, in denen sich scheinbar Obst und eine Milchtüte befinden: Dazu meinen die Designer: »Den Dieben gefällt Ihr Computer – bekommen sie stattdessen Ihren Essensproviant zu sehen, dann wird Ihre Tasche uninteressant.« Die Vlieger und van Dam findet man im Internet unter *www.vliegervandam.com*.

Von A bis Birkin: kleines Lexikon der Handtaschen-Legenden

Bagonghi | eine in den 1950er-Jahren von Roberta di Camerino entworfene Handtasche. Wie ein Cover der *L'Europeo* von 1959 beweist, hat auch Grace Kelly diese Tasche geliebt. Die Schauspielerin, die sich seinerzeit auf einer Romreise befand, trägt auf dem Titel des italienischen Wochenmagazins eine rot-schwarze Bagonghi. Sie hat die Form eines Arztkoffers, ist zweifarbig, und ihr Erkennungszeichen ist das samtige Material, das den Mittelteil der Tasche ausmacht. Es ist dasselbe Gewebe, aus dem die Paramente im Vatikan bestehen, und es wird im Dunkeln hergestellt: Dem Licht ausgesetzt, würde es nämlich ausbleichen. Von diesem Stoff werden lediglich zehn Meter im Monat produziert.

Baguette | das berühmteste Modell aus dem Hause Fendi (vgl. S. 84). Das 1925 in Rom gegründete Unternehmen war vor allem für Pelzwaren und Koffer bekannt. Heute lanciert es, ganz abgesehen von der meistverbreiteten Mini-Tasche, zu jeder Saison neue Modelle. Es sind immer Handtaschen, die besonderes Augenmerk verdienen, wie z. B. die Ostrik Bag (2002) aus einer Art Tatoo-Leder oder die Vanity Bag (2004), die tatsächlich mit kleinen Deko-Spiegeln besetzt ist. Die namhafteste Linie von Fendi ist jedoch Selleria. Diese Taschen erinnern an die Koffer, die das Modehaus in den Zwanzigern herstellte und bestehen aus ganz weichem, ausschließlich handverarbeitetem Leder.

Bambù | eine Serie von Gucci-Handtaschen mit Bambusgriff. Zusammen mit der Jackie (vgl. S. 70f.) sind sie die charakteristischsten Modelle dieser italienischen Marke. Unter uns gesagt: Der Bambusgriff ist nicht sonderlich bequem, weil er sehr hart ist, vor allem, wenn man ihn auf der Schulter trägt. Der Artikel hat jedoch absolute Klasse und eine ganz unverwechselbare Form. Falls Sie eine Bambù geschenkt bekommen sollten, es aber nicht über sich bringen, sie auf der Straße zu tragen, stellen Sie sie ins Wohnzimmer und bewundern Sie sie als Skulptur.

Birkin | Wenn die Kelly der Rolls-Royce unter den Handtaschen ist, dann ist die Birkin der Ferrari. Beide sind sie die Superstars von Hermès. 18 Stunden dauert die Herstellung einer Kelly in reiner Handarbeit. Und die Tradition will es, dass jede Tasche von einer einzigen Person gefertigt wird – vom Zuschneiden des Leders bis hin zur Herstellung des Griffs und der Details aus Metall. Im Jahr 2002 wurde beim Pariser Auktionshaus Drouot eine dreifarbige Kelly aus Krokodilsleder für 10 200 Euro versteigert.

Die heute weniger verbreitete Bolide, die 1923 das Licht der Welt erblickte, wird als vielleicht revolutionärstes Produkt von Hermès betrachtet: In der Tat ist sie die erste Handtasche mit Reißverschluss.

Doch kehren wir zurück zur Birkin. Im Jahr 2004, als Jean-Paul Gaultier als Designer bei Hermès anfing, begann man, ein neues Modell herzustellen. Es ist inspiriert von der ursprünglichen Birkin (vgl. S. 73ff.) und heißt New Birkin. Diese Tasche ist aus noch feinerem Leder gearbeitet als das Original und um einiges schwerer aufzutreiben – es sei denn, man ist Filmstar oder sonstwie berühmt. Bei meinen Recherchen für dieses Buch bin ich in die Pariser Hermès-Boutique im Faubourg Saint-Honoré gegangen, um eine New Birkin live zu sehen. Umsonst. Offensichtlich waren sie gerade vergriffen. Schlimmer noch: Die Verkäuferin hat mich angeschaut, als wäre ich ein naives Dummchen, das keine Ahnung davon hat, wie die Welt sich dreht.

Cabat | die berühmteste Handtasche der Marke Bottega Veneta, die heute zur Gucci-Gruppe gehört. Ihr Designer ist der Deutsche Tomas Meier. Charakteristisch für alle Modelle dieser Marke ist die Verarbeitung des Leders, als wäre es Bast oder Garn.

Man braucht zwei Tage und zwei Personen, um eine Cabat herzustellen, die innen und außen geflochten ist. Insgesamt werden pro Jahr 500 Taschen produziert. Als 2005 das neue Geschäftshaus Bottega Veneta in der Old Bond Street in London eingeweiht wurde, hat Meier die Bond kreiert. Es wurden nur 50 Exemplare zum Verkauf angeboten. Und sie waren sofort ausverkauft.

Cambon | Der Name dieser Linie, die Karl Lagerfeld 2004 entwarf, geht auf die Rue Cambon zurück, der Pariser Adresse des historischen Ateliers von Coco Chanel. Mit ihrem superweichen Lammleder, den gut sichtbaren großen »C«s, den wie Bänder verknoteten Schulterriemen wurde die Cambon-Tasche ebenso wie die 2.55 (vgl. S. 83) zu einem Objekt zügelloser Begierde. Vielleicht sogar noch mehr. Im Vergleich zur 2.55 ist die Cambon viel zeitgenössischer und im Design weniger förmlich. Im Herbst 2005 lancierte Chanel auch die New Mademoiselle, die überarbeitete und verbesserte Neuausgabe einer Handtasche von 1960, die eben Mademoiselle hieß. Wie das Original sieht auch die neue Mademoiselle lange Ketten statt Schulterriemen vor; nur das Leder ist anders behandelt. Statt der abgesteppten Rauten ist die New Mademoiselle von senkrechten Linien geziert, was einen gewissermaßen zukunftsorientierten High-Tech-Stil andeutet – ganz so, als wolle sich das Haus Chanel von der Vergangenheit befreien und sein Image verjüngen.

Gancino | Diese Handtaschenlinie wird von Ferragamo produziert, der führenden Marke für Qualitätsschuhe. Die erste Gancino wurde in den 1970er-Jahren geschaffen: Es war eine Hartledertasche mit zwei Griffen, die seitlich durch einen doppelten Metallverschluss in Form eines umgekehrten Omega zu schließen war. Er erinnert an die Haken an den Florentiner Häusern, an denen man die Pferde anband.

Nachdem diese Verzierung in den Achtzigern auch für andere Modelle durchdekliniert wurde, avancierte das umgekehrte Omega speziell in den Neunzigern – der Epoche der Logo-Manie – zum Emblem der Marke Ferragamo. Das Modell mit dem besten Wiedererkennungswert ist trapezförmig und hat einen einzigen Griff. Zu jeder Jahreszeit erscheinen auch Modelle aus anderen Materialien als Leder. Die Gancino gibt es auch aus Gummi, und sogar aus Holz und Aluminium.

Mombasa | eine außergewöhnliche Kreation. Entworfen hat sie Tom Ford im Jahre 2001 für die Gruppe Yves Saint-Laurent. Damals leitete der texanische Designer die Gucci-Gruppe (zu der das Haus YSL gehört). Der erste Fan der Mombasa war Gwyneth Paltrow. Was folgte, war ein so gewaltiger Verkaufserfolg, dass die Handtasche auf den strengen Seiten des *Wall Street Journal* landete, als historisches Fallbeispiel einer gekonnten Handhabung des Business.

Die Mombasa ist rundlich geformt. Sie wird auf der Schulter getragen und hat einen Griff aus Knochen. Dementsprechend ist jeder Griff einzigartig in Durchmesser und Farbton. Das macht die Tasche selbst zu einem Unikat. Mit ihrem afrikanischen Namen steht sie symbolisch für eine Epoche, in der die westliche Welt danach trachtet, sich fremde Kulturen und Stilrichtungen einzuverleiben. Das Base-Modell der Mombasa besteht aus schwarzem oder Naturleder. Danach präsentierte Yves Saint-Laurent Modelle aus kolonialen Webstoffen, Jeans, rotem Leder usw. Es gibt übrigens auch die Mombasa für den Abend, klein und in schwarzem Satin. Statt des echten Knochens ist sie mit einer Reproduktion aus glänzendem versilbertem Metall verziert.

Prada | Auch wenn das Unternehmen nicht über ein Handtaschenmodell verfügt, das zur Stilikone wurde (einmal ausgenommen den Nylon-Rucksack, vgl. S. 85f.) – die Kollektionen von Prada fungieren in der Handtaschenbranche als Ideengeber. Ob groß oder klein, aus Stoff oder Leder, supersportlich oder so elegant, das sie einen in Verlegenheit bringen – die Modelle der Mailänder Marke erfüllen sämtliche geheimen Wünsche der Bag Victim. Rückblickend ist das einzige gemeinsame und unabdingbare Merkmal dieser so verschiedenen Handtaschen ihr Logo: ein kleines Dreieck aus Metall, auf dem einfach »PRADA« steht. Später verschwand es innerhalb einiger Kollektionen ganz und war nur noch im Tascheninneren zu finden. Diese Entscheidung könnte als Polemik gegen die Tendenz anderer Modehäuser (beispielsweise Gucci) verstanden werden, ihr Logo übertrieben groß zu präsentieren. In der Herbst-/Winterkollektion 2005/2006 ist Prada jedoch wieder dazu übergegangen, seinen Namen vorzuzeigen, sogar in großen Buchstaben, eingeprägt auf das Leder der Handtaschen.

Saddle Bag | – »Satteltasche« heißt eine der gelungensten Erfindungen John Gallianos, seit 1997 Stylist bei Dior. Sie hat die Form eines Sattels, ist klein wie eine Baguette und exzentrisch genug, um die letzte stilistische Wende des französischen Hauses zu markieren, für das Christian Dior 1946 den Grundstein legte. Nach dem Tod seines Gründers im Jahr 1957 sind viele Designer durch die Räume des Pariser Sitzes in der Avenue Montaigne gegangen: der junge Yves Saint-Laurent, Marc Bohan und Gianfranco Ferré. Galliano lancierte die Saddle Bag im Jahre 2000. Sie wurde sofort zu einem Riesenerfolg. Bereits im ersten Jahr verkauften sich 100 000 Exemplare. Es folgte eine ungeheure Menge von Imitaten, die man bei den fliegenden Händlern bestaunen kann, die ihre zweifelhafte Ware an Straßenecken verkaufen.

Tod's | Sind die Dior-Taschen eng mit der Traumwelt der Haute Couture verknüpft, so sind die Tod's nahe Verwandte der von Diego Della Valle in Ascoli Piceno hergestellten Schuhe. Das in den Vierzigern von Vater Dorino gegründete Unternehmen wurde von dem Sohn, einem Fixstern am Firmament des italienischen Fashion-Business, umgekrempelt. Die Tod's sind praktische Handtaschen, schlicht und ohne Schnörkel, gedacht für Frauen, die Mokassins mit genoppten Sohlen lieben. Schauen Sie sich nur eine Handtasche von Tod's an, die D-Bag oder die Mini Eight zum Beispiel. Sie werden widerstandsfähiges Leder sehen, das von Nieten oder kleinen, eleganten und stets unauffälligen Details zusammengehalten wird. Das Logo springt einen nicht an. Es wird lediglich durch immer wiederkehrende Einzelheiten angedeutet, die die Anhängerinnen von weitem erkennen. Trotz dieses stilistischen Understatements werden die Tod's wie verrückt gefälscht. Die Fälschungen nennen sich manchmal Frod's.

Vuitton | In krassem Gegensatz dazu hat die Louis Vuitton aus der obsessiven Wiederholung der Initialen seines Gründers sein Erkennungszeichen gemacht. Die Neuerung, die dieses uralte französische Unternehmen in der Modewelt anstieß, liegt jedoch weniger darin, als im Gebrauch der Materialien: Vuitton hat nämlich als erstes Modehaus wasserundurchlässiges Gewebe verwendet, um daraus entweder Reisetaschen herzustellen oder Hartschalenkoffer damit zu bespannen. Die repräsentativsten Handtaschen im riesigen Spektrum des Hauses sind die Speedy Bag (die Bauletto-Tasche) und die Noe (die Beuteltasche), beide in »Toile Monogram«, also mit dem Logo bedrucktem Canvas. Erstaunlich ist, dass die Noe, so wie wir sie heute noch in den Straßen sehen, im

Jahre 1932 entstand. Sie war dafür gedacht, genau fünf Flaschen Champagner Platz zu bieten – wahrscheinlich die Menge an Alkohol, die die Reichen zu jener Zeit für eine Soirée benötigten.

Vuitton ist allerdings mehr als »Toile Monogram«. Im Laufe der Jahre hat das Unternehmen verschiedene Linien lanciert, bei denen die berühmten Initialen nicht oder so gut wie nicht sichtbar sind (die bekannteste ist wohl die Cuir Epi aus bunt gestreiftem Leder) – ein Zeichen dafür, dass man sogar bei Vuitton verstanden hat: Der Mensch lebt nicht vom Logo allein.

Zum Schluss

Eines ist mir klargeworden, während ich dieses Buch schrieb: Die Beziehung Frau – Handtasche hat etwas herzzerreißend Ambivalentes. Es ist eine Hassliebe, die uns an eine chaotische Beuteltasche bindet, an eine Abendtasche mit Lippenstiftflecken oder an die verborgenen Winkel eines Rucksacks, der lange unser Reisebegleiter war. Die Handtasche ist ein Accessoire mit mehreren Persönlichkeiten. Sie ist überaus nützlich, aber auch ganz geradeheraus, denn ein einziger Blick reicht, und wir wissen fast alles über das Leben der jeweiligen Besitzerin. Letzteres mögen Frauen im Allgemeinen nicht; viel lieber träumen sie von völlig anderen Lebensweisen und Handtaschen als jenen, die sie in Händen halten. Die Handtasche ist eine erbarmungslose Freundin. Wie einen lästigen Sack müssen wir sie mit uns herumschleppen, selbst dann, wenn wir liebend gerne auf sie verzichten würden.

Die Beziehung Frau – Handtasche hat etwas herzzerreißend Ambivalentes.

Trotz allem sind Handtaschen laut *New York Times* die Juwelen unserer Zeit. Und das stimmt. Denn sie kosten ebensoviel wie edle Kristalle und werden von der Modeindustrie auf ähnliche Weise präsentiert. Nur eines ist anders: Ein Diamantenkollier kann ruhig von einem Dekolleté zum anderen wechseln – es wird seine Beschaffenheit dabei nicht verändern. Hingegen wird mit der Zeit jede Handtasche zur Handtasche der Frau, die sie trägt. Sie übernimmt gewissermaßen die Persön-

Mit der Zeit wird jede Tasche zur Handtasche der Frau, die sie trägt.

lichkeit ihrer Trägerin, oder besser gesagt: Sie verleibt sie sich ein.

In einer bewegenden Filmszene aus Gabriele Salvatore *Quo vadis, Baby?* verrät die Freundin einer unter geheimnisvollen Umständen ums Leben gekommenen jungen Frau, sie habe deren Umhängetasche an sich genommen. Es wirkt so, als könne sie die Freundin dadurch am Leben erhalten. Eine Handtasche als Schauplatz einer Art Seelenwanderung? Ein durchaus suggestiver und romantischer Gedanke.

Manchmal können Handtaschen auch Verteidigungswaffen sein. Eine Freundin von mir ging vor einigen Jahren in ein Tierheim, um für ihre Tochter einen Welpen auszusuchen. Die Kleine war so aufgeregt, dass sie in einen Käfig geriet, in dem sich mehrere Hunde – um einiges größer als sie – um sie drängten. Verängstigt begann sie zu weinen. Da eilte ihr ihre Mutter zu Hilfe, teilte mit ihrer Handtasche Schläge nach rechts und links aus und bahnte sich auf diese Weise mit der Verbissenheit eines Bruce Willis der besseren Jahre den Weg zu ihrer Tochter.

Seit Margaret Thatcher gibt es das »handbagging«.

In der britischen Presse wurde in den Achtzigern das Wort *handbagging* erfunden. Es bezeichnete die Art und Weise, in der die damalige Premierministerin Margaret Thatcher ihre Gegner abkanzelte: ohne Nachsicht, ohne Erbarmen und ohne große Umstände.

Auf ganz entgegengesetzte Weise machte eine andere Frau in der Politik von sich reden: Die ehemalige Kulturministerin Italiens, Vincenza Bono Parrino, wurde berühmt durch ihre besondere Aussprache des Wortes »borsetta«, Handtasche: Statt des üblichen leisen »s« schleuderte sie ihrem Gegenüber ein scharfes »z« entgegen – was die italienische Presse dazu veranlasste, von der Ministerin als »Power-Hausfrau« zu sprechen.

Als »borsette«, »Handtaschen«, bezeichnet der Schriftsteller Tommaso Labranca eine ganz bestimmte Kategorie von ungebildeten Menschen mit einem bestimmten Habitus: »Die ‚Handtasche' schaut sich iranische Filme an, geht in die Bio-Pizzeria und lädt dich zum selbst gekochten Cous-Cous-Essen ein. Doch was schlimmer ist: Sie, die unbedarfte Leserin von schnulzigen Romanen, mit denen sie ihre Intelligenz und Sensibilität steigern möchte – sie bestimmt die Bestseller-Listen.«

Handtaschen stellen das Verhältnis zum eigenen Körper nicht zur Diskussion.

Ganz gleich, ob Sie eine der von Labranca so missliebig beschriebenen »borsette« sind oder Bag Victim mit unstillbarem Hunger nach Statussymbolen, ob Sie Handtaschen mit nostalgischem Touch sammeln oder ein Fan von Rucksäcken sind – Handtaschen bieten für jede Art Frau den gleichen riesigen Vorteil: Sie stellen unser Verhältnis zum eigenen Körper nicht zur Diskussion. So könnte zum Beispiel eine große Handtasche, auf die richtige Weise getragen, jemanden zu dem Kompliment verleiten: »Du hast ja abgenommen!« Die leicht zu erzielende optische Täuschung funktioniert nach demselben Prinzip wie die breiten Armreifen, die das Handgelenk schmaler erscheinen lassen. Es ist kein Zufall, dass die pummeligen Frauen unter uns sie lieben.

Und zu guter Letzt (alle Schuhe dieser Welt in Ehren!) denken Sie immer daran: Mit einer Handtasche am Arm werden Ihnen niemals, nicht einmal wenn Sie sie zum ersten Mal ausführen, die Füße wehtun. Ist das nicht einfach wunderbar?

Nachwort
von Jette Joop

Ohne Tasche fühlen sich weibliche Wesen unvollständig.

Handtaschen sind wunderbare Begleiter. Sie haben ein geheimes Innenleben, gehen nie fremd und schmücken trotzdem jede Frau. Ob fürs Büro oder zur Cocktailparty – für jeden Anlass gibt es den richtigen Eyecatcher. Denn ohne Tasche fühlen sich weibliche Wesen unvollständig. Als Designerin, die gerade an einer neuen Taschenkollektion arbeitet, bin ich schon allein aus professionellen Gründen immer gespannt auf die neuesten visionären Kreationen. Diese Amour fou beflügelt ähnlich wie der Gang durch eine extravagant ausgestattete Schuh-Boutique. Doch Achtung, liebe Freundinnen mit ähnlicher Passion: Fürs Lebensglück mit der Tasche gelten wie bei jeder Partnerwahl sieben goldene Regeln.

Erstens: Gutes Design ist nicht zwangsweise teuer, gute Verarbeitung schon. Inspizieren Sie Ihren Weggefährten daher genau. Ist er sein Geld wert? Oder eine Mogelpackung? Viele der »Must-haves« von Chloé, Prada, Gucci & Co. schmeicheln der Trägerin, sind aber nicht unbedingt praktisch. So manches günstigere Modell aus der Hennes-Mauritz-Zara-Fabrik schont zwar die Kreditkarte, kann sich aber als äußerst kurzweiliges Vergnügen entpuppen. Es ist wie so häufig im Leben: Nach der goldenen Mitte muss eine Frau sehr lange suchen. Meistens hat sie die Qual der Wahl und muss sich entscheiden –

für den Begleiter Marke »Versorger«, »Verlegenheit« oder »Vergnügen«.

Zweitens: Je später der Tag, desto kleiner sollte die Tasche sein. Morgens bietet sich die Ausführung »Jäger und Sammler« an. Denn dieses Wunderwerk der Moderne hat das Fassungsvermögen eines Kleinwagenkofferraums und die Robustheit eines Geländewagens. Im Laufe des Vormittags lassen sich darin nicht nur Aktenordner verstauen, sondern auch die Trophäen eines fetten Shopping-Beutezugs. Spätestens bei Sonnenuntergang sollten sie ihrem Luxus-Van eine standesgemäße Garage bieten.

Drittens: Je größer der Anlass, desto großartiger sollte die Tasche sein. Funkelnd, schillernd und fancy. Am Abend sollten wir Frauen uns von unserer verführerischen Seite zeigen. Nicht zum Gefallen der anderen, sondern zum eigenen Genuss. Warum sich einen Kleinwagen unter den Arm klemmen, wo der liebe Gott doch den Limousinenservice erfunden hat? Ob elegante Gala oder Dinnerparty – das Abendmodell ist zum Vergnügen da und sollte Sie wie ein Juwel zieren. Es ist der Diamant, der die Blicke dezent auf Sie zieht. Nicht das Innenleben zählt, sondern seine Außenwirkung. Schließlich muss fast nichts rein: Ich nehme grundsätzlich nur Handy, Lippenstift und Pfefferminzbonbons mit. Alles andere können Sie sich bringen lassen.

Die Handtasche ist die Visitenkarte einer Frau.

Viertens: Treffen Sie eine Grundsatzentscheidung. Eine Handtasche ist die Visitenkarte einer Frau. Sie ist ein signifikantes Symbol, das ihren Habitus kommuniziert. Legen Sie sich für jede Gelegenheit das richtige Accessoire zu. Grundsätzlich benötigen Sie mindestens zwei Modelle: den »Arbeitsbienenbeutel« und die »Bienenkönigin«. Nummer eins ist wahlweise mobiles Kinderzimmer oder Kommunikationszentrale für unterwegs. Nummer zwei ist die Playstation für glamouröse Dates und Partys. Beide Funktionen sollte man trennen. Denn eine Prinzessin steht nicht in der Küche. Und die Köchin liegt nicht neben dem Prinzgemahl.

Fünftens: Teilen Sie Ihre Tasche nicht! Eine Frau sollte weder ihren Traumprinzen noch ihr wichtigstes Accessoire mit anderen teilen. Weder mit Stewardessen noch mit Museumswärtern, die Sie zur Trennung auf Zeit bewegen wollen. Die Tasche ist ihr Zepter. Und eine Königin gibt ihr Zepter niemals aus der Hand.

Sechstens: Begnügen Sie sich nicht nur mit einer Tasche! Vergnügen Sie sich lieber mit mehreren. Das Leben ist zu kurz für nur ein Accessoire. Doch halten Sie Ordnung, denn Leidenschaft will zelebriert sein. Geben Sie Ihrer Sammlung ein System. Sortieren Sie Ihre Lieblinge nach Marke, Anlass oder Farbe. Teilen Sie mit ihnen Momente der Zweisamkeit, schwelgen Sie in gemeinsamen Erinnerungen und lassen Sie ihrer Phantasie freien Lauf: Nur so können Sie entdecken, welche Tasche Ihnen noch fehlt.

Das Leben ist zu kurz für nur ein Accessoire.

Siebtens: Behandeln Sie Ihre Lieblingstasche wie den Mann fürs Leben. Sie ist ihr treuer Begleiter. Seien Sie es auch. Ich habe mich noch von keiner Handtasche getrennt. Jedes Stück hat so seinen festen Platz in meinem

Nur der Tod kann eine Frau von ihrer Lieblingstasche trennen.

Leben. Wie symbiotisch die Beziehung sein sollte, hat Alfred Hitchcock 1954 bereits in seinem Film »Das Fenster zum Hof« gezeigt. Darin entdeckt Grace Kelly das finale Indiz für die Ermordung der Nachbarin, als sie merkt, dass deren Handtasche seit Tagen am Bettpfosten in der Wohnung hängt. Sie schlussfolgert, dass eine Frau nie ohne das geliebte Stück die Wohnung verlassen würde. Denn, so Kellys These: Nur der Tod kann eine Frau von ihrer Lieblingstasche trennen.

Literatur

AA. VV. Le cas du sac. Histoires d'une utopie portative, Paris, Hermès, 2004

Allen, Carmel: Die Handtasche: a girl's best friend, München, Ars-Edition, 1999

Belle de Jour: The intimate adventures of a London call girl, London, Weidenfeld & Nicolson, 2005

Bowd, Emma: Heißgeliebte Taschen, München, ARTEA, 2004

Du Cann, Charlotte: Vogue Modern Style: How to achieve it, London, Century, 1988

Floch, Jean-Marie: L'indémodable total look de Chanel, Paris, Institut français de la mode, 2004

Hata, Kyojiro: Luis Vuitton au Japan – L'invention du luxe, Paris, Assouline, 2004

Homer, Karen: Things a woman should know about style, London, Prion, 2003

Johnson, Anna: Handtaschen: die Geschichte eines Kultobjekts, Königswinter, Könemann, 2005

Keyes, Marian: Auszeit für Engel, München, Heyne, 2007

Steele, Valerie/Laird Borelli: Handtaschen, Köln, Dumont, 1999

Stover, Laren: The bombshell manual of style, New York, Hyperion, 2001

Travers, Pamela L.: Mary Poppins, Hamburg, Dressler, 1999

Wilde, Oscar: Bunbury oder Ernst sein ist wichtig, Stuttgart, Reclam, 1999

Dank

Mein erster Dank geht an *all diejenigen, denen mein erstes Buch über Frauen und ihre Schuhe, »Das muss Liebe sein!«, gefallen hat.* Sie haben mich ermutigt, weiterzumachen.

Danken möchte ich auch *allen, die mich bei den Detail-Recherchen unterstützt haben: Mariella Veronesi, Raffaella Milione, Laura Sordo, Giorgio Lonardi, Roberta Balsamo, Silvia Clini, Lea Tunesi, Nicole Martinelli, Gianluca Marziani, Andrea Daninos, Stefania Ricci, Giada Albanese.* Dankeschön auch an *Alessandra Donato, Barbarina, Silvia Paoli und Paola Saltari von der Redaktion der Vanity Fair.*

Ein besonderer Dank geht an *Carlo Verdelli und Cristina Lucchini, den ehemaligen Chefredakteur und die Chefredakteurin von Vanity Fair,* die mir jeden Tag ihr Vertrauen schenken.

Dank auch an *Guiô, Andrea und Marcelo* für die brasilianischen Informationen.

Und noch ein Dankeschön an *Marco Vigevani für die Lieder von Camille* sowie an meinen *Zahnarzt Emilio Verri,* der mir geholfen hat, einen Titel für das Buch zu finden.

Vielen Dank an meine *Freundinnen, die mich inspiriert haben: an die Mombasa-Gefährtinnen Elena und Antonella; an Anna,* die den ganz großen Handtaschen treu ergeben ist; an die *unglaubliche Sara Porro,* die es schafft, mit den ganz kleinen zu leben (wie machst du das nur?), an *Tina, die Prinzessin der Markentaschen,* und an *Dirce, die stolze Gegnerin des doppelten Griffs.*

Ich danke auch *meiner Mutter, Giulia Cogoli, Maria Laura Giovagnini, Raffaela Carretta und meiner Verlegerin Marcella Meciani.* Sie alle waren wie immer eine große Hilfe für mich.

Und natürlich ein herzliches Dankeschön an *Gianmaria,* der mir seine Liebe bewies, indem er mir nach einer Sherlock-Holmes-würdigen Recherche die schönste Handtasche geschenkt hat, die ich besitze.

Paola Jacobbi